교회의 리더십

교역자의 리더십과 평신도 지도자의 리더십

원 종 국

kmc

교회부흥과 교회 리더십

'교회'는 제 일생에서 분리할 수 없는 한 몸입니다. 숨이 멎는 날까지 그러할 것입니다. 그러기에 교회 부흥은 나의 영원한 우선순위의 기도제목입니다. 내가 목회를 위해서 태어났다면, 교회의 부흥은 나의 목회에서 최대의 과제로 여기며 살아왔습니다. 그 결과가 어떠하든 그렇습니다. 이 책을 출판하는 이유도 교회부흥에 보탬이 되기를 바라는 간절한 열망 때문입니다.

교회의 부흥은 하나님이 하시는 일이지만, 사람이 할 부분에서는 교회의 리더십에 달려 있다고 믿습니다. 교회의 리더십은 교역자의 리더십과 평신도의 리더십입니다. 어떻게 이 두 가지 리더십이 보다 계발되어 목회현장을 풍성하게 하느냐가 우리의 관건입니다. 이런 고민을 안고 이 책을 출판하였습니다.

교역자의 리더십과 평신도 지도자의 리더십이 조화를 이루어 상승작용을 할 수 있다면 매우 이상적입니다. 교역자의 리더십이 주로 교회의 중심부에서 작용한다면, 평신도의 리더십은 대체로 변두리에서 활동합니다. 중심부에서 행해지는 목회적 의도를 평신도들이 살고 있는 세상 깊은 곳까지 침투시켜 거기서 신음하는 이들을 돌보는 데 평신도 리더십은 효과적입니다. 웨슬리안 운동이 번성하던 18세기에 웨슬리의 리더십은 조직의 중앙을 대표하면서 동시에 주변부로 이동하여 사회변두리에 있는 사람들에게 생산적인 목회를 하였습니다. 그래서 트뢸치는 감리교가 "중산층과 하류계층에서 승리를 얻어냈다"고 갈파하였습니다. 러벳 H. 웜즈는 웨슬리안 리더십이 중앙부와 변두리에서 어떻게 작용하였는가를 그의 책 「웨슬리안 리더십」에서 주의 깊이 언급하였습니다. 한국교회의 부흥이 교회의 리더십에 달려 있다면 우리는 교역자의 리더십과 평신도 지도자의 리더십을 계발하기 위해 쉼 없이 노력해야 한다고 믿습니다.

이 책이 이런 열망에 다소라도 도움이 되기를 기도합니

다. 이 책이 나오도록 협력해 주신 춘천제일교회와 동부연회 감리사님들, 또 물심양면으로 협력해 주신 동역자 여러분들과 장로님들께 심심한 사의를 표합니다. 바쁘신 중에도 추천사를 써주신 이규학 감독회장 직무대행님께 감사드립니다. 또 기꺼이 이 책을 출판하여 주신 기독교대한감리회 출판국(도서출판 kmc) 김광덕 총무님과 직원 여러분들에게 감사를 드립니다. 특히 동부연회 감독의 직임을 수행하는 일로 강원도 곳곳을 돌며 교회를 방문하고 교역자와 평신도를 방문하는 데 힘이 되어준 아내의 수고가 이 책의 출판에도 크게 도움이 되었음을 감사히 생각합니다. 「교회의 리더십」이 하나님 나라의 확장에 기여하기를 기도하겠습니다.

2009년 11월 2일

원주가 내려다보이는 동부연회 집무실에서

동부연회 감독 **원종국**

복음적 리더십

「교회의 리더십」 출판을 축하드립니다. 교회를 사랑하고, 부흥을 사모하는 평소의 마음이 가득 담겨 있는 책이어서 더욱 반갑습니다. 아마 현직 감독으로서 많은 교회가 겪는 긴장과 대립을 가슴 아파하고 또 대안을 모색하는 과정에서 이 책이 기획되었으리라고 봅니다. 사실 그리스도인 가운데 섬김의 영성이 사라지고, 교회 안에 일상화된 갈등은 교회다운 리더십의 부재 때문입니다. 이제 교회를 교회답게 하는 일은 올바른 리더십을 세워내는 일로부터 시작합니다.

저자의 진단에 따르면 우리 시대 교회가 맞이한 위기는 바로 리더십 그 자체입니다. 교회를 운영하는 원리로서 리더십은 바로 교역자의 리더십과 평신도의 리더십의 관계설정이요, 상호작용에서 비롯됩니다. 역사적으로 보면 감리교회를 가능케 한 웨슬리 운동은 리더십의 모범을 세우는 과정이었고, 메도디스트다운 훈련과 원칙이 생동감을 불어 넣었던 것입니다. 이제 교회가 세상의 원리가 아닌 복음적 리더십을 회복하는 일은 긴급한 일입니다.

저자인 원 감독님은 리더십에 있어서 탁월한 견해와 소신을 지닌 분입니다. 그동안 집필한 「팔복의 영성」과 「위대한 영성가들」 그리고 번역한 「웨슬리안 리더십」(러벳 H. 윔즈)을 살펴본 사람이라면 저자가 이미 오래 전부터 리더십 연구의 자취를 남겨 온 연구자임을 알 수 있을 것입니다. 이러한 깊은 영성과 혜안이 「교회 리더십」에 대한 역작의 바탕이 된 것은 틀림없습니다.

이 책이 한국 감리교회를 참되게 세우고, 신실하게 이끄는 희망의 등불이 되기를 기대합니다. 무엇보다 한국 기독교를 살리고, 사회와 세상으로 소통을 가능케 하는 징검다리 역할을 하기 바랍니다. 그리하여 '사랑과 섬김'의 리더십으로 서로를 높이고, '순종과 사명'의 팔로우십으로 서로를 비우는 아름다운 신앙공동체를 이룰 수 있기를 소망합니다.

이규학 감독회장 직무대행

차 례

I. 교역자의 리더십

침체해가는 오늘의 교회가 대내적으로 교인들의 영적, 질적 성숙과 대외적으로 봉사와 희생을 통해 빛과 소금이 되는 희망의 근원으로 변화되기 위해서는 무엇보다도 교역자의 리더십을 적극적으로 개발해야 한다. 이를 위해 신학교육 기관과 교회는 계획적인 투자가 있어야 한다. 그래서 교회 개발, 교회 플러스(Plus) 운동이 일어나야 한다. 확신컨대 공생애 3년을 제자 양성에 힘쓰신 예수님의 목회 리더십과 그의 인재 양성의 훈련 방법을 현대 사조에 맞도록 하는 신학적 재조명과 이를 교단적 차원에서 정책적으로 리모델링하여 현역 교역자들과 목사 후보자들에게 적용하는 훈련에 있다고 믿는다.

1. 들어가는 말

1) 현대 사회와 교회의 위기 진단

역사학자 이원설은 그의 책 「기독교 세계관과 역사 발전」에서 "한국의 현대 상황을 어떻게 봐야 할까? 이 시대를 명명한다면"이란 질문을 던지면서 우리 시대를 이렇게 진단했다.

오늘 우리 사회에 대한 진단은? 여기에는 낙관론, 비관론이 시각에 따라서 대립하고 있다. 그러나 보다 더 실감나는 판단은 불확실성론일 것이다. 우리나라의 앞날을 판단함에 있어서 한 가지 확실한 것은 모든 것이 불확실하다는 사실뿐이기 때문이다.[1]

이 같은 진단은 듣기에 유쾌하지 못하다. 그러나 모든

것이 불확실하다는 진단에 누가 이의를 제기할 수 있을까? 이 같은 불확실성이 쌓여 있기에 누구에게나 위기감이 초래되고 있다.

현대 사회의 위기감에 대해서는 많은 사람들이 언급하고 있다. 사회학자인 프롬(E. Fromm)과 만하임(K. Mannheim)의 이야기는 매우 진지하다. 전자는 "신은 이미 죽었다"라고 주장하면서 현대 사회란 인간이 주체성, 개성 및 창의력을 상실한 자기소외(self-alienation)의 사회며, 이것은 인간에게 고독, 불안과 무기력감을 가져다주고 있다고 현대인의 위기의식을 지적하였다.2 후자는 현대 사회의 위기로서 인간의 지적, 도덕적 능력보다 인간이 만들어낸 기술이 훨씬 앞서 일반적 불균형을 초래했다는 것과 인간의 능력이 사회의 여러 계층 간에 불균형하게 배분되어 있다는 사회적 불균형을 지적하고 있다.3

최근 한국 사회는 불확실성, 불균형, 불신 등으로 총체적인 위기(total crisis) 속으로 침잠해 가고 있다. 위기적 사실들은 보수 - 진보의 비생산적 갈등과 정체성의 모호함, 지도층의 경제적 위기에 대한 불감증과 대안 부재, 대안 없는 개혁세력의 준동, 외교와 안보에 대한 우려의 증대, 안정된 교육정책의 부재, 고령화 사회로 가는 민생대책에 대한 불안, 세계화 – 개방화 시대에 부응하지 못하는 농업정책, 국민적 공감대를 이룰 문화예술의 정신적 일체성의 결여, 지나친 현실주의적인 성향, 한국 기독교의 영적 무기력화와 제자화 사역의 부실 등이다. 이런 사실들은 우리 사회와 교회가 총체적 위기 속에 처해 있음을 여실히 반증한다.

2) 위기에 대한 대안 제시의 필요성

역사의 위기는 무엇을 의미하는가? 현대 한국 사회가 총체적 위기감으로 치닫고 있음이 멈추지 않거나 위기의식 속에서 표류하고 있다면 그것은 무엇을 의미하는가? 현재의 문제를 효과적으로 해결할 능력이나 미래에 대한 확고한 비전을 갖고 시대를 이끌어 갈 더 이상의 리더십이 존재하지 않는다는 의미는 아닌가?

결국 이 시대에 리더는 많으나 리더십의 위기가 오고

있다는 의미다. 일찍이 에스겔 선지자가 활동하던 시대에 팽배했던 리더십의 위기에 대하여 하나님께서는 이렇게 말씀하셨다.

> 이 땅을 위하여 성을 쌓으며 성 무너진 데를 막아서서 나로 하여금 멸하지 못하게 할 사람을 내가 그 가운데에서 찾다가 찾지 못하였으므로 내가 내 분노를 그들 위에 쏟으며 내 진노의 불로 멸하여 그들 행위대로 그들 머리에 보응하였느니라 주 여호와의 말씀이니라(겔 22:30~31).

이 같은 리더십의 위기는 현대 사회 속에 있는 한국 교회의 모습일 수도 있다. 우리 사회에 대한 위기감은 교회도 예외일 수 없다. 실천신학자인 박은규 박사는 "리더십 개선을 위해 다양한 노력과 접근을 시도한 세속사회의 흐름에 비하여 교회는 자체의 리더십을 충분히 개선하지 못한 채 가끔 리더십의 부재, 리더십의 부족, 그리고 리더십의 열등함을 나타내고 있다. 이에 따라 교회는 리더십의 위기를 직면하고 있다"라고 지적하였다.4

존 하가이(John Edmund Haggai)는 18세기 유럽이 리더십의 위기를 맞이하였고, 오늘도 리더십의 위기를 맞이하고 있다고 진단하며 "18세기 유럽이 리더를 필요로 했듯이 오늘날 격변하고 있는 이 세계도 리더들이 필요하다"라고 말하였다.[5]

그러므로 오늘날 불확실성 시대의 위기를 진단하고 이상적인 새로운 시대를 열기 위해서는 참된 리더십과 그런 리더십을 가진 사람을 세우는 것이 매우 중요하다. 피할 수 없으며 피해서도 안 되는 사회와 교회의 위기를 보면서 이것이 바로 내 책임이라고 현대 교회의 지도자들은 고뇌해야 하지 않을까? 이러한 마음으로 필자는 우리를 도우시는 성령의 지도를 받으며 현대 교회의 위기 극복을 위한 목회적 대안으로서 바람직한 '교역자의 리더십' 세움의 방안을 제시해 보고자 한다.

2. 지도자(리더)의 정의

　지난 세기부터 리더십의 중요성을 진지하게 실감한 사람들에 의해 리더십에 대한 본격적인 연구가 시행되었고 리더십에 대한 다양한 정의도 나타났다. 그러나 한마디로 이를 정의하는 것은 쉬운 일이 아니었다. 예를 들면 제임스 맥그리거 번스(J.M. Burns)는 "리더십은 지구상에서 가장 많이 수행되었으나 아직까지 이해되지 못한 채 남아 있는 현상 중의 하나다"[6]라고 하였다. 워렌 베니스(Warren Bennis)와 버트 나누스(Burt Nanus)는 "사회의 각 영역에서 탁월한 90여 명의 리더들에 대한 연구를 통하여 언급하기를 수십 가지의 과학적인 분석에도 불구하고 리더십에 대하여 약 350여 가지의 정의를 내려야 했다"[7]고 하였다. 한편 해리스(W. Lee Harris)는 그의 저서에서 "세 가지의 접근들"(three approach)이란 주제로 리더십의 변천사를 언급하는 가운데 전통적인 리더십 연구방법에서는 지도자가 가지는 권력이나 영향력을 중심으로 하여 지도자의 '특성', 지도자의 '행위', 지도자의 '상황' 등에 의해서 다양한 정의가 시도되었음을 정리하였다.[8] 이런 사실들은 리더십이 시대나 상황에 따라 다양하게 요구됨을 반영한 것이다. 따라서 리더십을 정의하기 전에 이러한 것을 염두에 두어야 할 것이다.

리더십을 정의하기 전에 먼저 리더가 무엇인가에 대해 언급하고자 한다. 사전적인 정의에 따르면 리더란 상황과 역할에 따라 다음과 같이 구분할 수 있다. ① 지휘관(commander), ② 사령관(commandant), ③ 보스 또는 수령(boss or master), ④ 장 또는 머리(chief or head), ⑤ 관리자(manager), ⑥ 집행자(executive), ⑦ 중요인물(key-man), ⑧ 여론주도자(opinion leader), ⑨ 엘리트(elite) 등이다.[9]

리처드 울프(Richard Wolff)는 '앞서가거나 영향을 준 자'로서의 리더에 대해 이렇게 정의하였다. "리더란 길을 알고 앞에 설 수 있으며 다른 사람들로 하여금 따라오도록 할 수 있는 사람이다. 리더란 무슨 일을 먼저 행하는 사람으로 그룹에 영향을 끼치는 사람이다."[10] 올드웨이 테드(Ordway Tead)는 '명령하는 자'로서의 리더에 대한 정의로 이렇게 말하였다. "리더란 한 그룹에 소속된 사람들로 하여금 그룹의 목표를 성취하기 위하여 행복하게, 그리고 만족하게 일하는 경험을 하도록 활동하게 만드는 방법을 아는 자다."11 이반 스테이너(Ivan D. Steiner)는 동료들이나 구성원에 의해 '통솔력이 인정되고 추종되는 자'로서의 리더에 대해 다음과 같이 정의하였다. "리더는 한 그룹의 사람들에게 선택된 자로서 그의 지휘와 행동으로 그룹 전체의 행동과 활동에 강력한 영향력을 행사하는 자이다."12

이상과 같이 리더의 정의를 살펴볼 때 리더란 일반적으로 개인이나 그룹에 영향을 주어 필요를 충족시키고 그 목표를 성취케 하는 능력이 있는 자요, 더불어 일하게 하는 친화력과 목표를 성취케 하는 데 추진력이나 영향력을 행사하는 자다.

그렇다면 우리는 위기 시대를 맞이하여 어떤 모델의 지도자를 찾아야 할 것인가? 먼저 현대 사회의 경영 현실에서 발견할 수 있는 현장감 넘치는 지도자 상을 살펴본다면 다음 두 가지 경향으로 정리할 수 있다.

3. 경영 현장에서 본 지도자의 두 가지 타입

경영 현장에서는 '지도자'란 말과 'CEO'라는 두 가지 용어가 사용된다. 전자는 정신적인 면에서 동기를 부여하고 영향력을 끼치는 사람을 의미하는 것으로, 로이드 페리(Lloyd Perry)는 지도자의 리더십을 이렇게 말하였다.

리더십이란 영향력이다(Leadership is influence). 즉 누구든지 남을 인도하려면 그가 남에게 영향을 미치는 범위 안에서만 인도할 수 있다. 리더십이란, 한 그룹이 그 기능을 발휘할 수 있도록 필요한 그 무엇을 행하는 것이다. 그것은 정보를 제공하고, 관점을 명백하게 하며, 토론된 주제를 요약하는 것을 포함한다. 그러므로 리더십은 사람이 아니라, 실로 하나의 기능이다.13

다시 말하면 리더십이란 '정신적인 면에서 동기를 부여하는 영향력'이란 의미다. 이에 반해 같은 지도자라 할지라도, 곧 CEO(chief executive officer)는 '생산적인 면에서 효과를 창출해 내는 자'를 의미한다.

 '수출 38조 7,000억 원.' 지난해 사상 최대 실적을 기록한 SK그룹이지만 올 상반기 내내 긴장하고 스스로 채찍질했다. 올 초부터 일부 계열사를 중심으로 임원과 신입사원의 연봉을 10~20% 줄이고, SK텔레콤의 임금을 동결하는 결단을 감행한 것. 최태원 회장은 올 상반기 내내 "'SK 불사론'을 경계해야 한다"고 충고했다.

"10년 전 외환 위기나 최근의 SK글로벌 사태처럼 더한 상황도 이겨냈기에 '이 정도는 문제없다'고 보는 안이한 'SK 불사론'을 경계해야 한다." 최태원 회장은 2009년 신년사를 통해 올 한 해 SK의 행보가 어떠해야 할지 비장한 각오를 다졌다. 현재 중요한 것은 '안정'이 아닌 '생존'이라는 절박함이 묻어난다.[14]

이(건희 삼성 전) 회장은 "지난해 우리는 온 세계가 불황에 빠지고 거대한 글로벌 기업들이 순식간에 무너지는 사상 초유의 사태를 경험했다"며 "영원할 것 같던 글로벌 금융사들이 망했고, 금융은 물론 자동차, 전자, 건설 등 업종을 가릴 것 없이 뿌리부터 흔들리고 있다"고 지금의 경제 상황을 우려했다.

그는 "앞으로 존망을 건 무한경쟁의 와중에 무수한 기업들이 사라질 것이며, 우리 삼성도 결코 안심할 수 없다"고 지적하며 "우리가 견뎌내야 할 압박과 고통도 적지 않을 것"이라고 강조했다. 그러면서 이 회장은 "10년 전 우리는 변하지 않으면 살 수 없다는 각오로 IMF 위기를 극복했다"며 변화와 개혁을 주문했다.[15]

삼성그룹 기업들의 신년사를 살펴보면, '대나무는 마디를 맺으며 더 강해지고 연은 바람이 거셀수록 더 높이 난다'는 IMF 시절 이건희 회장의 발언을 인용하며 10년 전 IMF의 경험을 바탕으로 제로베이스에서 다시 출발해야 한다는 각오를 주문하고 있다. 재계의 '선도 그룹'으로 매년 그룹 회장의 신년사가 그 해 여타 그룹의 '바로미터'가 되고 삼성의 경영 목표는 바로 재계의 '지침'으로 여겨지기까지 할 정도로 재계의 구심점이자 공격 경영의 선봉에는 늘 삼성이 있었다. 하지만 지금 삼성은 무엇보다 신중해졌다. 3월 중반이 되도록 그룹의 올해 경영 목표와 방침은 드러나지 않고 있다. '시나리오 경영'이라며 변화하는 상황에 맞춰 대처하겠다는 게 삼성 측 설명이지만 예전 삼성과는 너무도 다른 행보다.

재계 안팎에서는 그 원인을 "이건희 전 회장이 비자금 특검으로 경영 일선에서 물러난 뒤 의사 결정이나 위기관리 능력이 예전과 다른 데서 기인한다"고 평가하고 있다. 오너가 아닌 전문 경영인 체제로 전환하면서 예전과 달리 흐트러진 모습인데다 그룹의 맏형인 삼성전자가 지난해 4분기 큰 폭의 적자를 내는 등 '악화된 경영 여건'도 한몫하고 있다는 분석이다.[16]

구본무 LG그룹 회장은 지난해 12월 계열사 사장단과 2008년 영업실적을 점검하고 새해 사업계획을 구상하는 '컨센서스 미팅'을 갖고 "경제위기를 반전의 기회로 삼자"고 당부했다. 구 회장은 이 자리에서 "전 세계적인 경기 침체는 오히려 우리에게 기회가 될 수 있으므로 미래를 위해 준비해야 할 것

을 소홀히 하거나 포기하지 말고, 일관성 있게 진행하라"고 강조했다.[17]

지난 1월 '글로벌 CEO 전략회의'에서 LG CEO들은 2009년 경영 주안점으로 '자율과 창의를 바탕으로 한 인간 존중 경영'에 대해 논의했다. 이에 따라 올해는 자율적이고 창의적인 생산혁신 활동을 실천하고 있는 주력 사업장을 방문하게 된 것이다.

4년 전 LG에서는 3~5년 어간을 두고 1만 4천 명의 인재들을 스카우트하기로 결정하였다. 단순한 영입이 아니라 사운을 건 인재를 양성하겠다는 의미였다. 그것은 미래의 산업이 어떤 사람들의 손에 좌우되느냐에 따라서 기업의 흥망성쇠가 결정된다고 보기 때문이다. 다시 말하면 기업의 미래는 능력 있는 인재가 얼마나 많은가에 달려 있다는 말이다. SK · 삼성 · LG는 우리나라 최고의 기업이다. 이 기업의 CEO가 말한 기업 경영 전략을 눈여겨보아야 할 것이다. 그들은 어려운 때일수록 과감한 투자를 하고 인재를 스카우트하며 기술과 경영에 탁월한 인재 양성과 인간

존중 경영을 핵심 전략으로 삼고 있다는 점이다.

여기서 우리는 교회의 지도자들이 위기에 대처하는 자세가 어떠한지 알아볼 필요가 있다. 교회는 교회 성장 또는 선교를 위하여 미래를 내다보는 전략 운영을 하고 있는가? 미래에 기대할 것이 있는 투자 운영을 하는가? 미래에 거둘 것이 있는 인재 육성을 하고 있는가? 대안 없는 축소 지향주의는 아닌가? 교육적 차원에서 효율성을 기대할 수 있는 전략 투자인가? 혹 재생산성이나 미래 선교 효율성을 고려치 않는 프로그램 과시성의 투자는 아닌가? 분명한 진리는 심지 않고 거둘 수 있는 열매란 존재하지 않을 뿐 아니라 무엇을 심느냐에 따라 그대로 거둔다는 사실이다.

위기 시대에 처한 교회의 지도자들은 소극적이며 안심 일변도의 정신적인 지도자로서의 위치에서 생산적인 효과를 창출할 수 있는 과감한 지도자의 위치로 변신할 필요가 있다. 또한 교회의 힘을 소비적이거나 과시성에 가까운 불균형적인 투자가 아닌 선교적 미래를 내다보는 참신한 투자를 시도하는 지도자로 변신해야 한다. 그래서 교회의 개인 구원 전도만이 아닌 사회 구원을 향하여 적극적이고 힘이 있는 리더십을 창출해야 한다. 이런 점에서 교회 지도자는 적극적인 교회 개발에 눈을 떠야 한다.

4. 리더십에 대한 성경적 조명

위기 시대를 이끌어갈 기독교의 새로운 지도자 상은 어떤 것이어야 할까? 교회의 지도자인 교역자의 리더십은 성경 속에서 그 뿌리를 찾아야 한다. 교회의 텍스트북인 것처럼 성경은 또한 교회 지도자의 리더십에 있어서 뿌리가 되며 표준이 되어야 한다.

1) 성경적 리더십

성경은 리더십에 대해서 무엇이라고 말하고 있는가? 성경적 리더십의 원리와 가르침은 무엇인가? 성경이 말하려는 리더십은 다음과 같이 정리할 수 있다.

(1) 소명에서 나오는 리더십

성경적 리더는 하나님께 소명 받은 자다. 구약의 모세 (출 3:10), 여호수아(수 1:2), 기드온(삿 6:14), 사울(삼상 10:1), 다윗(삼상 16:12), 이사야(사 6:9), 예레미야(렘 1:5) 등에서 그 예를 찾을 수 있다. 신약에서는 마가복음 3장 13~19절에 제자들을 불러 세우심으로 그 예를 찾을 수 있다. 성경적 리더는 스스로 되는 것이 아니다.18 하나님이 소명을 주시어 세우신다. 그렇다면 성경적 리더십은 소명에 있다. 그러하기에 성경적 리더십은 하나님의 뜻을 따라 청지기이자 종으로서 섬겨야 하며, 세우신 분의 뜻을 따르기 위해 희생자가 되기까지 섬겨야 한다.

(2) 청지기 리더십

성경적 리더십은 청지기(οἰκονόμος) 리더십이다. 모세는 '하나님의 집에 충실한 청지기'였다(민 12:7). 예수 그리스도는 스스로 청지기의 삶을 사시면서 청지기로서의 리더십을 가르치셨다(눅 12:42~48).

성경적 리더십의 초상을 탁월하게 그려낸 추아 위 히안

(Chua Wee Hian)은 청지기를 네 가지로 묘사했다.[19]

첫째, '수탁자'(trustee)로서의 청지기. 이는 위임받은 자라는 뜻이다. 주인으로부터 사명을 받은 자라는 것이다. 신약의 사도들은 '하나님의 비밀을 맡은 청지기'였으므로 (고전 4:1), 이 위임을 감당치 않을 때는 화를 자초하리라고 생각했다(롬 1:14 ; 고전 9:16).

둘째, '수호자'(guardian)로서의 청지기. 바울은 디모데후서 12장 14절에서 디모데에게 '선한 것'을 잘 간직하라고 위임했다. 그것은 복음과 사도적인 신앙을 뜻한다(딤후 1:8, 13). 즉 진리를 수호해야 하는 리더의 임무를 말하는 성경적 리더십의 일면이다.

셋째, '사도적 가르침의 전승자'(transmitter)로서의 청지기. 바울은 디모데후서 2장 2절에서 사도적 가르침의 전승을 이렇게 말했다. "또 네가 많은 증인 앞에서 내게 들은 바를 충성된 사람들에게 부탁하라 저희가 또 다른 사람들을 가르칠 수 있으리라." 성경적 리더십은 진리를 수호하는 것만이 아니라 그것의 전승도 책임져야 함을 암시한다.

넷째, '경영자'(manager)로서의 청지기. 주인은 그의 집을 관리하기 위하여 청지기를 임명한다. 예수께서 누가복음 12장 42절에 이 사실을 잘 설명하셨다. "주께서 이르시되 지혜 있고 진실한 청지기가 되어 주인에게 그 집 종들을 맡아 때를 따라 양식을 나누어 줄 자가 누구냐." 성경적 리더는 때를 따라 양식을 적절하게 나눠줄 책임이 있다. 이것이 바로 청지기가 발휘해야 할 경영자로서의 리더십이다.

(3) 섬김의 리더십

성경적 리더십은 세상에서의 리더가 하는 것과 달리 섬기는 것이다. 즉 종(δοῦλος)으로 섬기는 것이다. 종이 어떻게 지도자가 될 수 있을까? 지도자가 종이 되어 섬긴다는 것은 대단히 역설적이다. 그러나 성경의 진리는 역설을 수용한다. 이사야 44장 1~4절을 보면 고난 받는 여호와의 종으로서 리더가 지녀야 할 여섯 가지 특성을 노래하고 있다. 즉 여호와의 종은 ① 하나님을 전적으로 의지해야 하고, ② 하나님께 인정받아야 하고, ③ 하나님의 성령으로 충만해야 하고, ④ 하나님의 겸손을 구비해야 하고, ⑤ 하나님의 사랑을 가져야 하고, ⑥ 하나님께만 소망을 두는 자다. 이것은 철저히 종으로 섬기는 메시아 상을 표현한 것이며 곧 성경적 리더십을 나타낸다. 예수께서는 자신을 섬기는 자로 표현하시면서(막 10:45), 종으로 섬기는 성경적 리더십의 이상적인 모델을 제시하셨다(막 10:43). 부르신 자의 뜻을 따라 종으로 많은 사람을 섬기는 것이 성경적 리더십의 가장 이상적인 모델이다.

(4) 자기희생의 리더십

자기희생의 리더십은 마가복음 8장 34~38절, 마태복음 16장 24~28절, 누가복음 9장 23~27절 등에서 결정적인 성구를 발견한다. 이 성구들을 통찰하여 보면 다음과 같은 네 가지 자기희생의 리더십을 볼 수 있다.

첫째, 자기를 부인하라(ἀπαρνησάσθω). 이 용어는 ἀπαρνέομαι의 부정과거, 중간태, 명령태, 삼인칭 단수형으로 '아니라고 말하다', '부인하다', '거절하다', '버리다', '관계를 끊다'[20]의 뜻으로 자기성품, 사고방식, 의존하던 모든 것을 포기하고 부르신 자를 위해 그에게만 매달릴 것을 강조하는 말이다.

둘째, 자기 십자가를 지라(ἀράτω). 이 용어는 αἴρω의 부정과거, 능동태, 명령법, 삼인칭, 단수형으로 '지다' 인데 '자기 십자가를 지라' 는 표현은 그리스도와 함께 하나가 된 까닭으로 받는 그 십자가를 가리킨다. 성경적 리더십은 자기에게 주어진 사명을 위해 희생의 십자가를 져야 한다는 것이다.[21]

셋째, 나를 좇으라(ἀκολουθείτω). 이 용어는 ἀκολου θέω의 현재 명령법, 삼인칭, 단수형으로 '좇다', '따르다' 인데 지속적으로 순종하며 따라야 함을 뜻한다. 성경적 리더십은 사명을 주신 이를 위해 끝내는 목숨을 바칠 희생의 각오로 좇아야 함을 뜻한다.[22]

넷째, 자기 목숨을 버리라(ἂν ἀπολέσῃ τὴν ψυχὴν). 성경적 리더십은 그리스도의 삶과 같이 결국 자기 목숨을 버리고(막 8:35 ; 눅 9:24 ; 마 16:25), 자기 생명을 미워하고(요 12:25) 부르신 이의 뜻을 따라 살아야 세상에 참된 빛이 된다.

이상에서 볼 때 성경적 리더십은 세속의 그것과 판이하게 다르다. 리더십의 출처가 하나님이시며 그러하기에 그

의 뜻을 따르는 청지기로서 그리고 종이 되어 섬기는 자로
서, 자기희생을 기꺼이 수행하는 리더십이다. 이와 같은 리
더십이 수많은 주의 종들에 의해서 수행된다면 과연 세상
은 어떻게 될까? 이제 성경적 리더십의 모델을 통해서 성
경적 리더십의 이상형이 과연 무엇인가, 하나님이 바라시
는 리더십이 어떤 것인가를 좀더 구체적으로 발견함으로써
우리가 목적하는 바를 더 가까이 추구해 나가고자 한다.

2) 성경적 리더십의 모델

(1) 모세

하나님께서 큰 권능과 강한 손으로 이스라엘 백성을 애
굽에서 구원하실 때, 모세는(출 32:11) 광야를 거쳐 가나안
땅의 초입에 이르기까지 '여호와의 종'(출 14:31 ; 민 12:7)
으로 부르심을 받아 백성들을 인도한(출 3:10) 인물이다.
이 과정에서 모세는 그의 리더십이 소명에서 비롯되었고,
애굽에서 고난당하는 동족을 보고 그의 안에 불타는 민족
구원의 열망도 하나님이 그 사명을 위임하실 때 비로소 역

동적인 능력이 따른다는 것을 알지 못했다. 그래서 스스로의 리더십을 통해서 이스라엘 백성을 구하려 했으나 실패하였다(출 1:11~15). 그런 모세에게 하나님이 부르셔서 그 백성의 구원 계획을 알려주시고 위임하셨을 때(출 3:1~10, 6:6~8, 9:16) 그 백성을 인도하는 당당한 리더십을 발휘할 수 있었다.

그의 겸손(출 3:11), 희생적 기도(출 32:30~32), 하나님께 대한 충성(창 12:7), 목자의 심정으로 백성을 사랑함(출 27:15~17)은 지도자로서 훌륭한 모델이 된다.

(2) 다윗

다윗의 리더십은 그가 '성공자'로 알려졌기 때문에 누구든지 알고 싶어 하는 관심의 대상이 된다.[23] 얀디안(Bob Yandian)이 최근에 내놓은 「다윗 섬김의 리더십」에서 그는 '다윗이 성공한 이유'를 세바의 오만과 고난에 직면한 므비보셋의 처신을 보며 리더십의 네 가지 원칙을 깨달은 데서 비롯되었음을 언급했다. 즉 첫째는 교만하지 말라. 둘째는 믿고 맡겨라. 셋째는 감정을 절제하라. 넷째는 역사에서 배워야 한다는 것이다.24 이러한 리더십의 원칙을 따라 산 다윗을 얀디안은 '섬김의 리더십'을 가진 지도자로 언급한다. "성경에 기록된 리더십의 유일한 모범"이라는 찬사까지 받는25 다윗은 그의 정치수완과 신앙에 있어서 사실 독보적인 존재다.

(3) 이사야의 "여호와의 종의 노래"

탁월한 메시아 예언으로 주목을 끄는 선지자 이사야는 26 이사야서를 통해서 성경적 리더십의 진수를 만나게 한다. 제2 이사야서의 메시지를 이해하는 데 대단히 어려우면서도 그 사상에 있어서 매우 중요한 의미를 지닌 몇 개의 아름다운 시가 있다. 둠(Duhm)은 이 시들을 "여호와의 종의 노래"라고 명명했다.27 이사야서에 나타난 이러한 여호와의 종의 노래는, 성경적 지도자는 그 백성을 위해 고난과 희생의 길을 가는 '종'임을 제시하고 있다(사 42:1~4, 49:1~7, 50:4~9, 52:13~53:12).

(4) 느헤미야

성경의 실제인물 중 리더십 연구 대상으로 가장 많이 손꼽히는 사람이 느헤미야다. 그는 B.C. 5세기경에 살았던 유대인으로서 당시 종주국인 바사의 술 관원장이었다. 그는 가까운 사람들로부터 예루살렘의 유대인들이 겪고 있는 참상을 전해 듣고 슬퍼하던 중 왕의 허락을 받고 총독의 자격으로 고국에 돌아가 봉사하게 된다. 그는 예루살렘 성벽을 재건하며 생활형편을 안정시키고 경건심과 애국심을 고취시킨다. 그는 2500년 전 사람이지만 오늘날에도 표상이 될 만한 성경적 리더십의 모델이다. 그는 ① 기도하는 지도자, ② 섬기는 지도자, ③ 목자 같은 지도자, ④ 용기 있는 지도자, ⑤ 비전을 가진 지도자, ⑥ 희생적 지도자였다.

(5) 바울

바울의 리더십은 예수 그리스도와의 관계에 철저히 중점을 두고 있으며, 복음 전파를 위한 사도로서 리더십을 발휘하였다. 리처드(Lawrence. O. Richards)는 사도 바울의 리더십을 네 가지로 이야기하고 있다.[28]

첫째로 그의 리더십의 근거는 예수 그리스도와의 관계성에서 비롯된다. 둘째로 그는 자신을 예수의 종으로서 이해하고 있었다. 셋째로 그는 "예수께서 나를 통하여 말씀하시고 계시다"(고후 13:3)라는 사실에 그의 권위의 근거를 두고 있다. 넷째로 바울은 자신의 인간적인 자랑과 교만을 부정함으로 지도자로서의 권위를 나타내고 있다. 바울은 복음을 맡은 지도자로서 할 수 있는 데까지 자신을 철저히 부정하였다.

3) 예수 그리스도의 리더십

그리스도인 리더십의 궁극적 모델은 예수 그리스도이심을 아무도 부인할 수 없을 것이다. 또한 그의 리더십은 곧 성경적 리더십이며 세속과 대조되는 영적 리더십의 모델이다. 예수 그리스도의 리더십은 그의 열매가 말한다. 그러므로 성경적 리더십의 가장 전형적인 리더십으로서 예수의 리더십을 연구하지 않을 수 없다. 그의 리더십 속에는 앞서 언급한 성경적 리더십 모델들의 장점이 모두 녹아 있다.

포드(Leighton Ford)는 그의 저서 「변화를 일으키는 리더십」(Transforming Leadership)에서 "예수는 지도자의 모델이신가?"라는 논제를 제기하고 여덟 가지로 대답을 하였다.29 첫째, 예수께서는 완전한 하나님이시지만 또한 참된 인간이셨다(히 2:14). 둘째, 예수께서는 자신의 모델이 우리를 위한 것이라고 분명히 말씀하셨다(요 13:14~15). 셋째, 예수께서 선포하시고 구원하셨던 나라는 미래에 나타날 것이지만 지금도 나타나 있다(막 1:15). 넷째, 예수께서는 아주 실제적으로 리더십을 분명하게 발휘하여 영향을 끼치셨다. 다섯째, 예수의 리더십은 문화적으로 자기 시대에 적합했을 뿐 아니라 문화를 넘어서도 적합했다(하늘과 땅의 모든 권세를 그분은 받으셨다). 여섯째, 예수의 리더십은 가치 중심적이지 않았으며 아무것의 명분에나 사용할 수 있는 도구가 아니었다. 곧 하늘나라 리더십이자, 가치에 이끌린 리더십이다. 일곱째, 예수께서 완전한 지도자라는 지식이 있으면, 우리는 자신과 다른 사람들에 대하여 현실적이지 않은 기대는 하지 않을 수 있다. 여덟째, 예수께서는 자신을 따르는 제자들에게 할 일을 주셨고 또한 성령의 은사와 리더십을 주신다고 약속하였다.

이와 같은 대답이 예수가 지도자의 모델이라는 충분한 대답일 수는 없다. 예수는 그 이상이시다. 예수는 인간을 위해서 하나님이 보내셨고, 인간을 사랑하사 인간을 위하여 자기 목숨까지 버리신 구세주이시다(갈 2:20). 바로 그 예수께서 제자를 부르시고(마 4:19), 제자 삼는 명령을 내리셨다(마 28:19~20). 제자는 예수 닮은 최고의 리더다.

예수 그리스도는 리더십의 원천이며 스승이시다. 그가 실제로 훈련시킨 열두 제자들의 리더십에는 세상을 변화시키는 능력이 충만하게 나타났다. 따라서 그의 리더십은 오늘 모든 그리스도인, 더욱 교역자의 리더십 모델이 될 것이다.

5. 현대 교회를 위한 지도자 개발

이제 위기 시대에 처한 현대 교회의 교역자들이 갖추어야 할 지도자 상은 어떤 것이어야 하는가를 조망하고자 한다. 리더십의 종류가 다양하고 그 정의 역시 다양할 수밖에 없었던 것이 지금까지 경험한 역사적인 사실이다. 때문에 위기 시대를 이끌어갈 현대 교회의 지도자 상을 단순하게 조망하기는 어려운 일이라고 본다. 다만 그 어느 시대보다 다양성의 가치를 인정하고 다양한 삶의 패턴이 흐르고 있는 현실에서 교회의 지도자는 어느 한 면만의 리더십을 갖춘 자가 아닌 여러 상황에 훌륭하게 반응하고 영향력을 끼칠 수 있는 통전적인 리더십을 함양해야 한다고 본다. 따라서 시대를 초월하여 교역자 리더십의 모범이 되는 성경적 리더십, 특히 예수 그리스도에게서 보이는 여러 가지 리더십이 현대 교회의 위기를 극복할 수 있는 이상적인 리더십임을 의심하지 않는다. 다만 현대 교회와 사회를 위해 이 리더십을 어떻게 우리의 현실에 맞도록 재해석하여 적용하느냐가 문제다. 필자는 현대 교회의 위기를 극복할 교회 지도자 상은 다양한 리더십을 두루 갖춘 통전적인 리더십을 함양하는 교역자가 되어야 한다고 생각하며 다음과 같은 지도자 상을 제안한다.

1) 기본을 갖춘 지도자

교회의 지도자는 '행동의 사람'이 되기 전에 '갖추어진 사람'이 되어야 한다. 그 이유는?

첫째, 하나님은 준비된 사람을 쓰시기 때문에 반드시 훈련의 과정을 거치게 하신다. 그러므로 교회의 지도자들은 자신의 영적 훈련에 깊은 관심을 기울여야 한다. 아브라함, 이삭, 야곱, 요셉, 모세, 다윗, 예수님의 열두 제자, 바울 등 모두가 영적 훈련을 통해 준비된 만큼 사용되었다. 유능한 지도자는 태어나는 것이 아니라 훈련으로 이루어졌다.

둘째, 강력한 리더십을 행사하여 교회 자체를 활성화시키고, 대외적으로 선교의 문을 열어 영혼 구원의 사명을 효과적으로 수행하려면 많은 사람들에게, 그리고 교회 밖의 사람들에게 존경을 받을 수 있어야 하기 때문이다.

이것을 위해 다음과 같은 기본을 갖춘 자가 되어야 한다.

(1) 영성생활의 습관화

컬리(Iris V. Cully)는 「영적 성장을 위한 교육」에서 현대인의 방황을 심각하게 묘사하면서, 영성 개발의 필요성을 강조하였다.30 영성생활이란 한마디로 예수 그리스도를 본받는 삶이다. 그러므로 교회가 교회 될 수 있는 원동력은 영성과 깊은 연관이 있다. 교회의 위기 극복이 교역자의 리더십에 달려 있다면 교역자는 영성 개발에 최선을 다하여야 한다. 영성의 개발은 말씀연구, 기도, 묵상, 관상, 새벽기도, 독서(고전 등)를 통한 영성 대가들과의 만남 등으로 이루어질 수 있다. 교역자는 이를 통해서 영성생활의 깊이와 넓이를 더해가는 일에 스스로 철저하고, 규칙적이어야 한다.

(2) 물질생활의 헌신

존 웨슬리가 그러하였듯이 십일조와 감사의 청지기는 물론이고 선행과 기부금 등 모든 물질생활에 모범적으로 헌신하고 투명해야 한다.

(3) 전도의 생활화

삶의 모든 기회를 전도 기회로 삼아야 한다. 이것은 지도자의 영향력을 통해 교인들에게 물들여져야 한다. 최근 세계적인 분자생물학회지 「셀」(Cell)에 이간 염색체(DNA)의 말단 부분인 '텔로미어'(Telomere)의 구조가 밝혀졌다는 연구결과가 발표되었다. 텔로미어는 유전자 끝에 위치한 부분으로 세포 노화의 척도로 알려져 있다. 세포가 분열할 때마다 텔로미어는 조금씩 떨어져서 짧아지는데 제한치까지 짧아지면 세포는 더 이상 분열할 수 없게 된다. 세포 분열을 할 수 없다는 것은 늙어간다는 뜻이며 죽음이 다가오고 있다는 것을 의미한다.

인간의 몸처럼 교회도 세포 분열을 하지 않으면 죽은 거나 매한가지다. 건강한 교회는 재생산하는 교회, 즉 전도하는 교회다. 재생산(Reproduction)은 동물이나 인간에 있어서도 건강의 증거다. 생육하고 번성하는 것은 하나님의 뜻이다. 교회도 마찬가지로 복음 전도를 통하여 재생산해 나가야 한다. 그런데 대다수 교회들의 재생산율이 저조하다. 생물학적 성장(Natural growth)이나 전입 성장

(Transference)을 통하여 성장할 뿐, 회심 성장(Conversion Growth))을 통하여 성장하는 경우는 드물다. 몸된 교회의 전 지체가 복음 사역에 관여하는 것이 중요하다. 효과적인 복음 전도를 위해 각자의 기능을 수행하는 것이다. 우선 목회자 리더십은 교회 성장형 전도의 중요성을 깨닫고 효과적인 전도 훈련을 실시하여 평신도 각자의 전도은사를 개발하고 활용해야 한다. 교회는 계속해서 유기적인 팀 전도 전략을 개발하고 실행한다.[31]

(4) 지속적인 제자화 사역

복음서를 통하여 철저한 제자 훈련을 체험해서 예수 그리스도의 삶과 인격을 본받는 제자의 삶을 살며, 교회에서 제자 훈련을 실시하여 그리스도의 제자를 만들어 가야 한다. 섬김과 종의 도가 자기철학으로 세워져야 한다. 제자는 자기를 부인하고, 자기 십자가를 지고, 주님을 따라야 한다.

(5) 균형 있는 리더십 지향

리더십은 두 가지 방향성을 가진다. 하나는 업무 추진형 리더십이고, 또 하나는 인간관계 추구형 리더십이다. 지도자는 어느 한 면으로 기울어지는 경향성보다는 양면에 있어서 균형을 유지하는 것이 목표달성과 구성원들의 만족감을 동시에 획득할 수 있다. 따라서 교역자는 교회의 성장을 위한 분명한 목표와 비전을 가져야 되지만 무턱대고 밀고 나가서는 안 된다. 교인들의 삶의 형편을 고려하여 균형 잡힌 목회를 할 수 있어야 한다.

(6) 원만한 인간관계 형성

교역자가 교회를 옮기는 일이 평생 목회에서 전혀 없을 수는 없다. 그러나 교역자가 교회를 자주 옮기는 것은 바람직하지 못하다. 대부분 심리적 관계를 제대로 유지하지 못하기 때문인데 평신도들과의 관계, 특히 장로들과의 관계성을 유지하지 못하는 것이 하나의 원인일 수 있다. 원만한 인간관계를 가질 때 목회에 성공할 수 있다. 존 포엘은 관계성 유지의 중요한 내용을 다섯 가지로 언급했다.

첫째는 자기 자신을 받아들이는 사람이다. 자기 자신을 받아들이는 사람이 남도 포용할 수 있다. 둘째는 자신의 분수를 아는 사람이다. 너무 지나치게 분수에 넘쳐도 안 된다. 그러나 열등의식을 가져서도 안 된다. 셋째는 남을 존경할 줄 아는 사람이다. 넷째는 인간 이상의 존재를 인정할 줄 아는 사람이다. 다섯째는 공동체에 잘 적응할 줄 아는 사람이다. 교역자는 공동체에 잘 적응하는 사람이 되어야 한다. 공동체에 적응하지 못하는 교역자는 리더십을 발휘할 수 없다.

(7) 자신을 아는 지도자

상황에 맞는 리더십을 발휘하려면 지도자는 자신을 아는 것이 중요하다. 유대 랍비며 가족 시스템 치료사인 프리드먼(Edwin Friedman)은 자기가 어떤 사람인가에 대한 자기 한정(self-definition)과 자기 차별됨(self-differentiation)의 중요성에 대해 한 조직의 총체적 건강과 기능은 그 조직의 정상에 있는 한두 사람에게 전적으로 달려 있다고 말하였다. 또한 영향력 있는 영적 리더십을 포함하여 성공적인 리더십의 열쇠는 지도자가 다른 사람에게 동기를 부여하는 능력보다 자기 한정을 수용하는 여유에 달려 있다고 하였다.[32] 교역자는 자신의 약점과 강점도 알아야 하고, 하나님께서 자신을 부르신 목적도 알아야 한다. 또한 자신의 메시지의 방향성이나 수준도 알아야 하고, 자신의 성직이 어떤 것인지도 알아야 한다. 교역자들은 때때로 자기 자신은 볼 줄 모르면서 일방통행의 무모한 리더십을 행사할 때가 있다. 이런 결과로 인해서 교역자가 교인들에게 불신을 받을 수 있다는 것을 알아야 한다. 자기를 아는 방법에는 자기를 알 수 있게 하는 책들을 읽거나 목회 연장교육, 심리학적 테스트, MBTI-성격유형 분석 등이 있다.[33]

(8) 결단력 있는 리더십

교역자는 순간순간 바른 결단력으로 교회를 인도해야 한다. 올바른 결단력을 내릴 줄 아는 지도자가 훌륭한 지도자다. 우유부단한 사람은 영향력 있는 지도자가 될 수 없다. 교역자는 책임 있는 결단의 행동을 위해 사전에 충분한 정보를 수집하고 깊이 기도하여 문제를 풀어가야 한다.

2) 영향력을 끼치는 지도자

존 맥스웰(John C. Maxwell)이 강조한 것처럼 "리더십
이란 영향력이다."[34] 교회 지도자는 자기 가정과 교회, 그
리고 이웃 사회에 긍정적이며 희망적인 영향력을 끼칠 수
있는 사람이어야 한다. 이를 위해 이미 언급한 예수 그리
스도의 리더십을 본받음과 함께 다음과 같은 현대적 지도
자 상을 갖추어야 한다.

(1) 지역사회에 영향을 끼치는 지도자

지도자는 사회적 존재다. 지도자라는 말 자체에 사회적
역할과 참여를 내포하고 있다. 영적인 지도자는 영적인 일
만 관여할 것이 아니라 사회적인 책임도 완수할 수 있어야
한다.[35] 성경은 교회 지도자의 사회적 처신에 대해 이렇게
가르치고 있다. "범사에 네 자신이 선한 일의 본을 보이며
교훈에 부패하지 아니함과 단정함과 책망할 것이 없는 바

른 말을 하게 하라 이는 대적하는 자로 하여금 부끄러워 우리를 악하다 할 것이 없게 하려 함이라"(딛 2:7~8).

현대 교회가 침체 국면을 극복하려면 교회와 교역자는 무엇보다 지역사회에 긍정적인 영향력을 끼칠 수 있어야 한다. 왜냐하면 교회는 지역사회 안에 존재하면서 세상으로부터 끊임없이 하나님의 백성을 불러 모으는 사도의 사명을 수행해야 하기 때문이다. 교역자의 리더십을 측정하는 좋은 방법은 그가 다른 사람들에게, 특히 지역사회에 얼마나 영향력을 끼치고 있느냐 하는 것이다. 리더십은 영향력이다. 교역자가 영향력을 갖지 못한다면 교회 안에서나 지역사회에서 결코 다른 사람을 이끌지 못한다.

존 맥스웰은 영향력의 법칙을 말하면서 자신이 좋아하는 리더십의 잠언을 이렇게 말한다. "사람을 이끈다고 생각하나 따르는 자가 없다면, 그는 오직 혼자서 걸어가고 있는 사람일 뿐이다."[36] 교역자는 혼자 걸어가서 교회를 성장시킬 수는 없다. 때문에 교역자는 자신의 리더십을 측정하면서 갈등할 수 있다. 그러나 존 맥스웰의 풍부한 경험에서 우러나온 이런 조언은 희망적인 것이 되리라고 본다.

당신이 리더가 되기를 원한다면, 나는 좋은 소식을 한 가지 전하고 싶다. 그것은 당신도 그 일을 해낼 수 있다는 것이다. 모든 사람들이 잠재력을 갖고 있다. 그러나 이것은 한 밤에 완성되는 것이 아니다. 인내를 필요로 한다. 절대로 이 과정의 법칙을 무시할 수 없다. 리더십은 한 날에 갑자기 향상되는 것이 아니기 때문이다. 리더십은 일생이 걸린다.[37]

(2) 비전과 열정이 있는 지도자

영향력을 끼치는 지도자는 비전을 가진 사람이다. 비전이란 현실 너머의 미래에 대한 가능성을 볼 수 있는 통찰력을 말한다. 비전은 과거의 회고를 통하여 얻은 지혜(Hindsight)와 현재를 바르게 보고 인식하는 통찰력(Insight), 그리고 미래에 대한 선견지명(Foresight)이 종합된 '소망스런 미래상'이다. 여기서 영향력 있는 지도자는 자기만 비전을 갖는 것이 아니라 자기를 추종하는 자들에게도 동일한 비전을 가지고 가도록 격려하는 자다. 존 맥스웰은 비전을 공동 소유할 때 성공할 수 있다고 하며 성공적인 지도자는 다음의 3단계를 볼 수 있는 자라고 하였다.

1단계-지각의 단계 : 현실의 안목으로 현재를 본다.

2단계-확률의 단계 : 분별의 안목으로 앞을 내다본다.

3단계-가능성의 단계 : 비전의 안목으로 성취될 수 있
는 가능성을 본다.[38]

지도자는 꿈과 목표의 사람인 동시에 열정의 사람이어
야 한다. 비전을 향해 열정을 불태우며 전력을 다해 전진
하는 자가 참으로 성공적으로 목표를 달성할 수 있으며 강
항 영향력을 끼치는 지도가 될 수 있다. 교역자에게 있어
서 이런 열정은 하나님의 말씀에 대한 확신과 뜨거운 기도
에서 온다.

(3) 변화에 대응하며 창의력 개발에 힘쓰는 지도자

불확실성의 시대에서 위기를 극복하려면 위험을 무릅
쓰고 변화에 도전해야 한다. 그래서 쿠지(James M.
Kouzes)와 포스너(Barry Z. Posner)는 불확실성의 시대에
최선을 다해야 함을 충고하며 "동료들은 자신들이 낡은 것
을 새로운 것으로 변화시킬 수 있는 능력이 있다고 생각해

야 한다"라고 말하였다.39) 리더의 능력은 불확실성의 시대에서 의사를 결정할 때 더욱 중요하다. 리더란 변화의 담당자이기도 하지만 불확실성의 담당자이기도 하다. 따라서 현실의 위기 극복을 위한 개발과 창의력이 수반된 리더십이 요구된다. 변화에 대응하며 창의적인 리더십을 개발하기 위해서는 쿠지와 포스너가 제안한 다음과 같은 방법도 유익하리라고 본다.40

첫째, 혁신적인 아이디어를 수집하는 과정을 제도화하라.

둘째, 메모지에 수집된 아이디어를 적어두라.

셋째, 작은 단위로 실험하라.

넷째, 자신의 팀을 재건하라.

다섯째, 위험을 무릅쓰는 사람들을 존경하라.

여섯째, 성공뿐만 아니라 실패도 분석하라.

일곱째, 모험을 시도하는 모범을 보여라.

여덟째, 대담성을 길러라.

(4) 가능성을 찾는 지도자

어려운 처지에서 일어서려는 사람들의 세계 속에 처한

지도자는 인생의 가능성을 바라보아야 한다. 이를 위해서 교회의 위기에 대처하려는 지도자는 주위 사람들보다 언제나 좀더 멀리, 좀더 많이 바라보는 눈을 가져야 한다. 그래서 효과적인 대화를 원하는 사람들에게 보통 정직을 강조하며 "있는 그대로 말하라"라는 것이 정상이지만, 영향력을 끼치는 지도자는 오히려 "가능성을 말하라"라고 충고하는 것이 바람직하다.[41] 물론 가능하지도 않는 것을 말하라는 것은 아니다. '가능한 것을 말하라' 는 것이다. 지도자가 가능성을 말할 때는 어떤 영향력을 줄 수 있을까? 존 맥스웰은 다음과 같이 말한다.

첫째, 문제에 사로잡힌 사람들을 그 상태로부터 벗어나게 한다.

둘째, 문제가 있는 사람들이 상황을 더 분명하게 볼 수 있도록 도와준다.

셋째, 사람들에게 꿈을 준다.

넷째, 사람들의 잠재력을 이끌어 내도록 도와준다.

다섯째, 사람들에게 자신감을 준다.

여섯째, 사람들이 살고 있는 환경과 분위기를 바꾼다.

3) 인재를 양성하는 지도자

"교회 성장은 지도자에게 달려 있다"는 말은 아무도 부인할 수 없는 사실이다. 그렇다면 현대 교회 위기에 대한 궁극적 대안은 유능한 목회자를 세우는 일이 아닐 수 없다. 이런 인재 양성을 위한 배려와 투자에 눈이 열린 지도자가 오늘과 내일의 한국 교회의 위기를 극복하게 할 수 있는 현명한 지도자다.

(1) 인재를 발굴, 육성할 줄 아는 지도자

성공적인 지도자는 자신의 주변에 있는 인물들의 리더십을 개발시키고 성장하게 하는 자다. 왜냐하면 가장 중요한 자산이 사람이기 때문이다. 조직이나 건물, 기구들은 세월이 갈수록 낡아지나 사람은 자신이 가진 잠재력을 인정해 주는 지도자를 만나면 성장하고 발전하여 유능한 사람이 될 수 있기 때문이다. 그러므로 교회의 성장과 발전을 마음에 둔 교회 지도자는 주변에 있는 다른 지도자들로 하여금 자신이 가진 비전을 볼 수 있게 하고, 그 비전을 실천하고 그 비전에 동참할 수 있게 하여야 한다. 지도자는 큰 그림을 본다. 그러나 그 비전이 이루어지기 위해서는 다른 지도자들의 도움과 공헌이 필요하다. 현대 교회의 지도자들에게 현대 교회의 위기 극복과 미래적 대비를 위해 가장 중요한 대안은 좋은 인재들을 발굴하고 육성하여 그들을 교회 주위에 두는 일이다.[42]

(2) 사람을 소중히 여길 줄 아는 지도자

교회 위기의 극복이 사람에게 달려 있다면 함께 일하는 사람을 소중히 여길 줄 알아야 한다. 이 시대를 살아가는 사람들은 격려받기를 원한다. 그러나 문제는 그렇게 간절히 격려받기를 원하지만 격려해 주는 사람은 극히 적다는 점이다. 존 맥스웰은 자신이 함께 일하고 있는 공동체에 속한 사람들로부터 그들을 소중히 여겨 주었다는 데 크게 감동받고 있다는 것을 설문을 통해 확인하고 그 이유를 이렇게 말했다.

첫째는, 내가 그들을 사귀기 위해 시간을 썼고, 그들과 인간

관계를 맺고 있기 때문이다. 나는 그들을 알고, 그들이 어디 출신이며, 배우자가 누구이고, 자녀가 누구인지를 안다. 나는 그들이 가진 은사들과 삶의 목표를 안다. 둘째는, 나는 그들을 사랑하며 정기적으로 사랑을 표현한다. 그들이 일을 잘했기 때문에 칭찬하는 것이 아니다. 나는 그들을 한 인격체로 존중해 주며 사랑하고 있다는 것을 먼저 알게 해준다. 그 무엇도 사람들과의 인간관계의 기초를 대체할 수 없다.[43]

많은 지도자들이 의외로 사람들이 스스로 알아서 잘 성장할 것으로 믿는다. 그러나 대부분의 경우 자신을 소중히 여겨주는 격려를 통해서 성숙하여 간다.[44] 위기 극복의 현실에 서 있는 교회의 지도자는 업무 중심보다 주변 사람들을 소중히 여기는 인간관계 중심의 리더십으로 방향 전환이 필요하다.

(3) 인재 양성을 위하여 대가를 지불하는 지도자

인재 양성을 위한 의미 있는 교훈이 있다. 그것은 "값을 지불하지 않고서는 성공을 살 수 없다"는 말이다.[45] 교회 위기를 극복하는 목회적 대안이 교역자의 리더십 함양에 있다면 교회의 지도자는 미래적 대안을 위해서 반드시 인재 양성을 위해 투자를 아끼지 않아야 한다. 이것은 개인의 성장으로부터 시작해야 할 성격이다. 교회의 성장이 이루어지고 이상적인 여유로운 환경이 조성된 뒤로 미룬다면 인재 양성은 요원한 것이 되고 만다. 왜냐하면 교회나 교역자에게 있어서나 여유로운 환경이란 거의 없기 때문이다. 그러므로 성공적인 지도자는 개인적인 성장과 리더십 기술 개발은 평생을 통해 계속되어야 한다는 것을 인식하고 예비 지도자가 준비되었을 경우 즉시 투자를 시작해야 한다.

워렌 베니스(Warren Bennis)와 버트 내너스(Burt Nanus)는 다방면에서 성공한 70명의 최고지도자들을 연구하고 그 결론을 이렇게 말하였다. "지도자와 피지도자의 차이는 자신을 개발하고 기술을 향상시키는 능력의 차이다. 지도자란 평생 배우는 자다."46 교회의 위기를 극복하는 길은 인재를 양성하기 위해 먼저 교회의 지도자가 대가를 지불하려는 결심을 하는 순간부터 시작된다고 하여도 지나친 말이 아니다.

6. 나오는 말

필자는 훌륭한 목회 경험을 소유하고 리더십 전문가로 활동하고 있는 존 맥스웰이 말한바 "리더십 능력이 그 사람의 결과를 결정한다"[47]라는 주장에 전적으로 공감한다. 오늘과 같은 불확실성의 사회와 침체 국면을 벗어나지 못하는 현대 교회의 위기를 보며 이런 위기에 대한 대안은 위기를 기회로 전환시킬 수 있는 리더십, 곧 그리스도의 리더십을 닮은 영적이고, 지적이며, 인격적인 면에서 강력한 영향력을 끼칠 수 있는 리더십과 비전을 갖춘 '통전적인 리더 교역자'의 양성과 교역자 및 평신도와의 '팀 리더십'의 개발에 있다고 믿는다. 따라서 침체해가는 오늘의 교회가 대내적으로 교인들의 영적, 질적 성숙과 대외적으로 봉사와 희생을 통해 빛과 소금이 되는 희망의 근원으로 변화되기 위해서는 무엇보다도 교역자의 리더십을 적극적으로 개발해야 한다.

이를 위해 신학교육 기관과 교회는 계획적인 투자가 있어야 한다. 그래서 교회 개발, 교회 플러스(Plus) 운동이 일어나야 한다. 세계 제일의 상품을 출시하는 기업들을 보라! 그 투자의 규모가 얼마나 위력적인 것인지를! 현실적으로 교역자의 리더십 함양을 위해 우리가 할 수 있는 것이 무엇인가? 확신컨대 공생애 3년을 제자 양성에 힘쓰신 예수님의 목회 리더십과 그의 인재 양성의 훈련 방법을 현대 사조에 맞도록 하는 신학적 재조명과 이를 교단적 차원에서 정책적으로 리모델링하여 현역 교역자들과 목사 후보자들에게 적용하는 훈련에 있다고 믿는다.

현대 교회의 위기를 자신의 문제로 안고 통전적인 리더십을 함양한 교회 지도자들의 기도소리가 한밤의 '절제된 절규'로 하늘을 향한다면 위기는 기회로 반전이 되지 않겠는가?

II. 평신도 지도자의 리더십

한국 교회가 다시 부흥하는 길은 평신도가 살아나는 것이다. 그것은 평신도 지도자들이 교역자와 동반하여 함께 리더십을 발휘해야 한다는 전제가 요구된다. 목회자만을 지도자라고 바라보거나 목회자의 카리스마적인 리더십을 기대하고 있는 한 메마른 한국 교회에 단비가 쏟아지기는 어렵다. 이제 하나님의 백성으로서 교회는 교역자와 평신도가 서로 도우며 다같이 제사장의 역할을 수행하는 사역자가 되어야 한다.

1. 들어가는 말

20세기 말에 들어와 한국 교회에 새로운 빛을 던진 각성이 있었다. 그것은 평신도의 재발견이며 평신도를 깨워야 한다는 각성이었다. 21세기에도 평신도의 사명과 그 역할을 발견해서 하나님의 선교 사역에 새로운 활력소가 되게 하며 침체하는 교회 부흥에 기여하게 해야 한다는 것은 목회 현장에 있어서 교회의 요청이요, 교역자들의 소망이요, 더 깊은 영적 세계에서는 성령님의 강하신 요청이다. 여기에 평신도 리더십 개발의 이유가 존재한다.

감리교회의 창설 시기부터 평신도를 목회사역의 동반자로 삼은 것은 웨슬리다. 찰스 W. 카터는 「현대 웨슬리 신학 Ⅱ」에서 웨슬리가 평신도를 동역자로 삼은 것을 이렇게 말하고 있다.

그의 일이(설교) 그에게 너무 벅찬 것이 되었을 때, 그는 집단

내의 사역을 위해 그의 밑에 평신도 설교자들을 임명하였다. 이런 모든 일로 그는 교회에 대한 폭넓은 견해를 갖게 되었다.[1]

스스로 방향 감각을 잃고 좀처럼 성장의 파도를 타지 못하고 있는 현대 한국 교회가 급기야 퇴보하고 있는 것이 사실이다. 2006년 5월 25일 통계청의 "2005년 인구주택 총 조사 전수집계" 결과를 보니 10년 전보다 불교는 3.8% 증가하여 1,073만 명이고, 가톨릭은 74.57% 증가하여 515만 명이고, 기독교는 1.6% 14만 4천 명이 감소하여 861만 명이었다. 2007년도 말 주요 교단들의 교세 현황이 대부분이 1% 미만으로 나타나는 등 답보상태에 머무르고 있는 실정이다. 때문에 성도 확충에 비상이 걸린 교단들이 급변하는 사회·문화 환경에 부합하는 정책 개발 및 적용에 골몰하고 있다. 감리교회가 2002년에 교단적으로 스스로 각성하며 300만 총력전도운동을 펼치자 이어서 2008년부터 예장통합, 예장합동이 교단적으로 300만 성도 돌파를 위한 다각적인 노력을 경주하고 있다.[2] 그러나 좀처럼 각 교단이 부흥의 파도를 타지 못하고 있는 것이 현실이다. 이런 상황에서 필자는 현대 교회에 평신도 지도자의 활성화와 리더십이 필요함을 절감하여 평신도 지도자의 리더십 개발을 탐구하려는 것이다.

2. 평신도의 재발견

1) 평신도의 용어 정의[3]

(1) 성경적 정의

평신도를 가리키는 헬라어 '라이코스' (λαϊκός)(라틴-laicus, 독-Laie, 영-layman)란 단어는 신약성경에 나오지 않는다. 3세기경부터 교회의 문헌에 나오기 시작했다. 이 말은 성경에 자주 나오는 라오스(λαός)에 해당하는 말로 λαϊκός는 λαός의 형용사다. 그런데 라오스란 말은 단순히 '백성', '어떤 백성', '백성의 무리' 라는 의미만 가지고 있다. 그래서 처음에는 유대 백성들 중에서 제사장들이나 관원들과 구분하여 일반 민중을 뜻할 때 쓰였다.

"그때에 대제사장들과 백성의 장로들이 가야바라 하는"(마 26:3)과 "성전 맡은 자가 부하들과 같이 가서 그들을 잡아왔으나 강제로 못함은 백성들이 돌로 칠까 두려워함이더라"(행 5:26) 등에서 제사장들이나 관헌들과 구분하여 일반 유대 백성을 지칭하는 것으로 ὁ λαός(호 라오스)라는 단어를 사용하고 있다.

그리고 히브리서 5장 3절과 7장 5절, 27절 등에서는 대제사장이나 제사장들과 특별히 구분하는 데 사용하고 있다.

> 그러므로 백성을 위하여 속죄제를 드림과 같이 또한 자신을
> 위하여도 드리는 것이 마땅하니라(히 5:3).
> 레위의 아들들 가운데 제사장의 직분을 받은 자들은 율법을
> 따라 아브라함의 허리에서 난 자라도 자기 형제인 백성에게
> 서 십분의 일을 취하라는 명령을 받았으나(히 7:5).
> 그는 저 대제사장들이 먼저 자기 죄를 위하고 다음에 백성의
> 죄를 위하여 날마다 제사 드리는 것과 같이 할 필요가 없으
> 니 이는 그가 단번에 자기를 드려 이루셨음이라(히 7:27).

구약에서도 출애굽기 19장 24절과 역대하 24장 10절에서 그러한 구분을 하는 데 사용한다.

　여호와께서 그에게 이르시되 가라 너는 내려가서 아론과 함께 올라오고 제사장들과 백성에게는 경계를 넘어 나 여호와에게로 올라오지 못하게 하라 그들을 칠까 하노라(출 19:24).
　모든 방백과 백성들이 기뻐하여 마치기까지 돈을 가져다가 궤에 던지니라(대하 24:10).

　초대교회 초기에는 사도들이 역시 관헌이나 장로들과 구분하여 일반 유대인을 지칭할 때 λαός를 사용했다. 사도행전 4장의 베드로 설교에 잘 나타나 있다.

　이에 베드로가 성령이 충만하여 이르되 백성의 관리들과 장로들아(행 4:8).
　너희(관원과 장로들)와 모든 이스라엘 백성들은 알라……(행 4:10).

그러나 사도행전 15장에서 야고보 사도가 예루살렘회의에서 λαός를 사용한 것을 보면 예수 믿는 이방인을 포함한 새 이스라엘, 즉 말세 교회를 가리키는 데도 사용했다.

> 하나님이 처음으로 이방인 중에서 자기 이름을 위할 백성을 취하시려고 그들을 돌보신 것을 시므온이 말하였으니(행 15:14).

이상에서 보았듯이 성경과 초대교회 전통에서 λαός는 제사장이나 관원이 아닌 '일반 백성'을 칭할 때 또는 포괄적으로 '백성 전체'를 칭할 때 사용된 용어였다.

(2) 전례서(典禮書)의 정의

희랍 전례서(典禮書, liturgy)에 보면 공직을 수행하고 있는 제사장과 구분하여 회중을 지칭하는 말로 자주 ὁ λαός를 사용하고 있다.

초기 사용된 예는 Apostolic Constitutions[4] viii.12의 맨 끝 부분에 나오는 "온 백성은 아멘 할지어다"를 들 수 있다.

라틴 전례서에 보면 ὁ λαός 대신에 populus(국민, 로마 시대에는 원로원 의원을 제외한 기사계급과 평민을 포함한 국민)[5]라는 단어를 사용하고 있다. 또 다른 라틴어 문헌들을 보면 평신도에 해당하는 말로 "plebs"(평민, 서민, 하층에 속하는 집단)[6]를 사용하고 있는데 대개 테르틀리아누스 · 키프리아누스 · 제롬 · 아우구스티누스가 썼고 엘비라교회 회의(306년경)[7]의 교회법 77조 등에서 썼다.

전례서를 통해서 보면 ὁ λαός가 초대교회에서 제사장이나 관원이 아닌 일반 백성을 지칭했듯이 평신도는 성직자가 아닌 일반 그리스도인을 뜻하였다.

(3) 교회사에서 본 정의

3세기경부터 교회의 문헌에 뚜렷이 사용된 평신도(λαϊκός)란 말에 대해서 생각해 보자. 이 말이 분명하게 신약이나 70인역 성경에서는 발견되지 않지만 이미 서술한 바와 같이 λαϊκός는 λαός로부터 파생된 말이며 교회의 역사 속에 등장되었다. AD 95년경 λαϊκός가 전문적인 실명사(實名詞) '한 평신도'란 용법으로 사용되는데, 로마의 클레멘스(Clement of Rome, 로마의 3대 감독, 88~97년 혹은 92~101년의 교황)가 "고린도에 보낸 서신"에 평신도, 집사, 장로라는 직책을 기록하고 있는 것을 보아 초대교회 때에 점차 장로와 집사를 성직으로, 그리고 λαϊκός란 말이 오늘의 평신도 개념에 접근해서 사용된 것으로 보인다. 그러나 그곳에서는 λαός에 파생된 λαϊκός가 단지 성질 형용사로만 사용되었다{평신도의 규율(τοῖς λαϊκοῖς προστάγμασιν)}.[8]

2세기 말엽에 알렉산드리아의 클레멘스(Clement of Alexandria - Strom. iii. 12, 거의 끝 부분에서)는 성직자와 평신도의 결혼에 관하여 언급하는 부분에서, '사제'나 '부제'와 대조시켜 '평신도'라는 실명사로서 λαϊκός를 사용하고 있다. 그러나 그도 역시 형용사로 사용하여 그 의미를 나타내고 있다(Strom. V.6에서 λαϊκὴ ἀπιστία, 사람들의 그 불신앙).[9]

테르툴리아누스(AD150/160~220/240)는 로마의 한 성직자가 키프리아누스에게 보낸 편지에 사용했던 것과 같이 '평신도'라는 의미로 λαïκός라는 단어를 사용했다(de Baptismo 17, de Exhortatione Castitatis 7).[10] 그는 세례에 관한 교회의 관습과 규율 문제를 다룰 때(de Baptismo chs. xⅶ- xx), 성직자뿐 아니라 평신도들도 세례를 집전할 수 있다고 했다. 그러나 평신도가 집전하는 경우는 특별히 필요에 의한 것으로 국한된다고 했다. 여기 '평신도'란 표현에는 여자가 포함되어 있지 않다.[11]

키프리아누스(Cyprian, Thascius Caecilius Cyprianus, 200/210~258)는 장로에 의하여 개종된 사람으로 평신도와 매우 긴밀한 관계의 사람이었다.[12] 그가 카르타고의 주교로 임명되었을 때 신앙 연륜이 짧은 자가 장로직이나 주교직에 임명되었다고 불만을 갖는 사람들이 있었다. 그러나 그가 장로의 일원으로 있으면서 행한 활동은 주목할 만한 것이었다. 뿐만 아니라 그의 일반 학식과 덕망, 하나님의 은혜에 대한 갈망 등의 탁월한 인격은 당대에 개종 연륜이 깊지 않음에도 불구하고 그를 주교로 임명하게 된 근거였다.

초신자에 불과하다는 이유로 다섯 장로가 반대를 제기하였으나 평신도들이 그를 지지하고 반대에 귀를 기울이지 않았으므로 그를 쫓아내려는 시도는 좌절되었다. 그 시대에는 평신도들의 책임이 매우 강조되었다. 주교에게 "하나님의 뜻에 의하여" 사제직을 시작하도록 요구하는 것은 '평신도'들이었다. 또한 주교가 죄를 지었을 경우 그를 주교직에서 물러나게 하는 것도 평신도들의 의무(Ep.67)였다.13

주교들은 그들 자신의 주교단을 선출하거나 확대하지 못한다. 각 주교는 평신도회에 의해 선출된다. 그러나 주교의 임명 시에는 이웃 주교들에 의하여 수행되었으며, 적어도 세 명의 주교가 참석해야 했다. 여기서 분명한 것은 이 시대 주교는 평신도회의 대표였다. 테르툴리아누스나 키프리아누스는 평신도의 사제직을 인정하였다.14 그러면서도 키프리아누스는 가톨릭 주교 제도의 터를 굳건히 한 인물이다. 주교들은 성령을 지닌 자들이라고 여겼으며 이것은 그리스도에게서 사도들에게로, 또 사도들로부터 안수에 의하여 주교[감독]들에게 계승된 것으로 여겼다. 사도 요한이 그의 제자 폴리카르푸스(Polycarp of Smyrna)를 서머나 교회의 감독으로 임명한 것처럼 감독의 계보는 단

절됨이 없이 이어져 왔다고 생각하였다.15 그는 "주교는 교회 안에 있고, 교회는 주교 안에 있으며, 만약 누구든지 주교와 같은 편에 서지 않으면 그는 교회 안에 있지 않다"16고 하였다. 즉 주교를 따르지 않는 자는 그리스도인이 아니라는 말이 된다.

키프리아누스는 또한 노아의 방주라는 이미지를 교회에 적용하는 새로운 방법을 창안했다. 이러한 이미지는 완전한 사회로서 교회를 보는 교리에 대항하여 교회의 혼합된 본성(정한 동물과 부정한 동물들)을 주장하기 위하여 사용한 것이다.17 그러나 그가 분명히 하려고 한 것은 방주 안에 거하는 동물만이 구원받을 수 있다는 사실이다. "만약 누구든지 노아의 방주 바깥에 거하는 자를 구출해 낼 수 있다면, 그는 또한 교회의 바깥에 거하는 자를 구할 수 있을 것입니다"18라고 하였다. '주교=교회=구원' 이런 도식은 매우 설득력 있는 도식이나 점차로 교회를 성직자 중심으로 굳혀갈 우려가 있으며 동시에 평신도는 그 선교 역할이 상호 협력 관계에서 종속적 관계로 전락될 수 있다. 이런 경우에 성직자가 순수하지 못한 생각을 가지고 교회를 이끌어 간다면 광포와 독선으로 인하여 평신도는 방황하게 되며, 또한 교회 안에서 평신도 본연의 위치를 상실케 된다.

4세기 저작에서도 λαϊκός가 발견된다.[19] 사라피언의 예전서에 나오는 기도는 'Χειροθεσία λαϊκῶν'(케이로데시아 라이콘 : 평신도들의 축복)이라고 언급되어 있다. 또한 *Apostolic Constitution* viii.11과 28에서도 λαϊκός가 나오는데 여기서 λαϊκός가 '성직자들'(οἱ τοῦ κλήρου)과 대조적으로 쓰였다.[20]

많이 쓰이지 않았으나 '평신도'라는 의미의 또 다른 단어로 ἰδιώτης라는 용어가 있다. 그 의미가 와전되어 영어의 idiot(바보)가 되었다. 고대 희랍어인 고전에서는 그 단어가 단순히 평범한 개인을 의미했다. 그리스도시대에 산 유대인 저술가로서 구약의 유일신론을 주장한 필로(Philo Judaeus, de Vit. Mos. iii. 29, ed. Mangey, ii. 169)는 그 말이 제사장이 아닌 유대인을 가리키는 의미로 그 단어를 사용했다.[21]

평신도라는 의미로 사용되는 또 다른 단어로 '형제

들' (οἱ ἀδελφοί, the brethren)이 있다. *Apostolic Constitution* ⅱ.57에서 평신도들을 주교나 부제와 대조해서 '형제들'이라고 부르고 있다.[22] 비슷한 예로 디모데전서 4장 6절에서 '형제들'은 '교회의 모든 구성원'을 의미한다. 그러나 사도행전 15장 4절과 22절에서 '교회'와 '온 교회'를 '사도들'이나 '장로들'과 비교하여 사용하였는데, 앞에서와 같은 의미로 사용하고 있는지는 의문이다.

이상에서 살펴본 바와 같이 λαός나 λαϊκός가 일반 백성을 지칭하였든지 평신도란 말로 사용되었든지 분명한 사실은 소위 성직자라 하는 제사장 또는 사제나 부사제 그리고 관헌과 대조되어 종교적으로나 세속적 의미에 있어서나 직책과 상관없는 무리를 칭할 때 사용하였음이 분명하다.

희랍어 λαϊκός 곧 '평신도'란 말을 정리하여 본다면 일찍이 3세기 중엽에서 교회 문헌에 나타날 만큼 교회의 역사 속에 자리매김 되었다. 그러면서 λαϊκός란 말은 이교 백성에 대립하여 구별된 하나님의 백성이란 의미로 쓰였다기보다는 오히려 하나님의 백성 자체 내에서 성직자와 일반신도(평신도)의 상이점을 명백히 한 말로 보인다.

그러나 λαός란 말에서 파생되어 사용된 평신도(λαϊκός)의 의미를 언어학적으로나 특정인에 의해 사용된 시점에서 분석하기보다는 교회 전통의 문맥에서 이해할 때 비로소 그 본래의 뜻과 이 말이 의도하는 사명을 바로 이해할 수 있을 것이다.

2) 평신도의 정체성

그렇다면 평신도는 누구인가? 다시 성경으로 돌아가자. 성경, 특히 신약성경에서 하나님께 속해 있는 공동체를 말할 때, '하나님의 교회', '하나님의 백성', '그리스도의 몸' 등으로 표현하고 있다. 따라서 이 공동체의 일원을 '부르심을 받은 자', '거룩한 자', '선택된 자', '제자', 그리고 '형제들'이라고 불렀다. 여기에서 바로 평신도 신학의 배경을 찾아야 한다.

신약성경에서는 성직자와 평신도를 구분하기 훨씬 이전에 '교회', 곧 '하나님의 백성', '그리스도의 몸'의 실재를 더욱 중시하고 있다는 점을 주목해야 한다. 신약성경에서는 이렇게 성직자와 평신도의 차이를 구분하기에 앞서 '형제'라고 불렀고, 따라서 교회에 속한 우리 모두가 궁극적인 구원 앞에서는 동등하다는 것을 일러주고 있다.

이러한 뜻에서 볼 때 평신도란 말은 평신도를 경시하기 위한 의도에서보다는, 다만 성직자와 구별하기 위한 표현상의 방편에서 나온 데 불과하다고 할 수 있다. 이미 설명한 대로 AD 3세기 중엽 키프리아누스는 주교로 임명될 때 평신도회에서 선출되었으며, 그것이 당시의 교회 제도였다. 이것은 사도행전 6장 3절과 5절에 근거한 평신도의 선출과 사도들의 임명에 의한 성경적 방법이었다. 이 시대에는 평신도가 세례를 집전할 수 있었다.

그러기에 신약성경에서는 동등과 자유를 인정하는 독특한 말을 사용하여, '하나님의 백성' 혹은 '그리스도의 몸'이라고 부르면서, 각 지체들의 차이를 인정할 따름이다. 그 차이의 척도는 신분적 계급이 아니라 각자가 받은 바 '서로 다른 은사'에 두고 있다. 바울은 온 교회를 가리켜 "너희는 그리스도의 몸이요 지체의 각 부분이라"(고전

12:27) 하면서 다음과 같이 말하고 있다.

> 하나님이 교회 중에 몇을 세우셨으니 첫째는 사도요 둘째는 선지자요 셋째는 교사요 그 다음은 능력을 행하는 자요 그 다음은 병 고치는 은사와 서로 돕는 것과 다스리는 것과 각종 방언을 말하는 것이라 다 사도이겠느냐 다 선지자이겠느냐 다 교사이겠느냐 다 능력을 행하는 자이겠느냐 다 병 고치는 은사를 가진 자이겠느냐 다 방언을 말하는 자이겠느냐 다 통역하는 자이겠느냐(고전 12:28~30).

이런 상이한 은사를 각 사람에 주신 것은 "유익하게 하려 하심이라" 하였다(고전 12:7). 여기에 바로 평신도(λαϊκός)란 말의 성경 신학적 배경이 있는 것이다. 성경은 그의 몸 된 교회를 건설하시기 위하여 평신도와 성직자에게 고유한 은사를 내리셨고, 각자는 그 은혜에 따라 이웃을 봉사하도록 부르심을 받은 형제들이다.

서로 대접하기를 원망 없이 하고 각각 은사를 받은 대로 하나님의 여러 가지 은혜를 맡은 선한 청지기같이 서로 봉사하라 만일 누가 말하려면 하나님의 말씀을 하는 것같이 하고 누가 봉사하려면 하나님이 공급하시는 힘으로 하는 것같이 하라 이는 범사에 예수 그리스도로 말미암아 하나님이 영광을 받으시게 하려 함이니 그에게 영광과 권능이 세세에 무궁하도록 있느니라 아멘(벧전 4:9~11).

이런 근본적인 입장에서 평신도와 성직자의 위치는 선한 청지기로서 동등하게 된다. 다만 각자가 받은 성령의 고유한 은사에 따라 실천해야 할 과제가 서로 다르게 제시되어 있다. 그것을 베드로는 이렇게 말한다.

그러나 너희는 택하신 족속이요 왕 같은 제사장들이요 거룩한 나라요 그의 소유가 된 백성이니 이는 너희를 어두운 데서 불러내어 그의 기이한 빛에 들어가게 하신 이의 아름다운 덕을 선포하게 하려 하심이라 너희가 전에는 백성이 아니더니 이제는 하나님의 백성이요 전에는 긍휼을 얻지 못하였더니 이제는 긍휼을 얻은 자니라(벧전 2:9~10).

여기서 명백히 말씀하고 있듯이 성직자나 평신도로 불리기 이전에 모두는 하나님의 동등한 백성이다. 그리고 그 특권과 사명도 동일하다. 단지 어떤 은사로 부름 받았느냐에 따라 행하는 일과 그 범위가 다를 뿐이다. 하나님의 백성이란 의미의 'λαός'에서 파생된 'λαϊκός' 곧 평신도란 말은 그래서 결코 성직자와 그 나머지 신자를 갈라놓는 의미로 쓰여서는 안 된다. 존 스토트가 말한 것처럼 "성경에서 사람들을 구별하는 조건으로 사용되는 것은 한 가지 뿐이다. 그것은 세상 사람과 구별되는 자로서 하나님의 자녀라는 독특한 개성이다."[23]

이상에서 살펴본 바에 의하면 신분상으로 성직자가 평신도보다 우월해야 할 근거를 내세울 수 없으나 현실적으로는 다수의 평신도가 성직자에 비해 하위계급에 속한 자들처럼 대우를 받거나 스스로 그렇게 처신하고 있다. 곧 성직자가 교회의 주체이며 평신도는 교회의 단순한 참여자처럼 처신하고 있다. 우리는 이런 오랜 관행에서 벗어나 평신도 본연의 건강한 정체성을 회복하도록 깨어나야 한다. 그렇다면 평신도가 어떻게 해야 본래의 자기 위치를 찾을 수 있으며 자기 역할을 감당할 수 있겠는가?

3) 평신도의 참다운 상 회복

현대 성직자와 평신도의 관계는 구약에서 제사장과 백성의 관계처럼 도식화되어서는 안 된다. 구약 시대에는 하나님의 뜻을 따라 구별해 놓은 직분이 있었다. 이런 전례로 인하여 3세기 이후 교회 안에서 평신도란 말도 교회 안에 두 개의 계급이 존재하는 것처럼 인식되어 본래의 의미가 퇴색한 채 1500여 년을 지나온 것이다. 이제 바람직한 평신도 상을 어디서 재발견할 수 있는가?

교회 안에는 99% 이상의 평신도가 있다. 따라서 세상 앞에 드러나는 가시적 교회는 소수의 성직자의 교회가 아니라, 생활 현장에서 하나님 나라의 임재를 자신의 삶을 통해서 구현하는 평신도의 교회다. 성경으로 돌아가서 보면, 성령강림의 사건이 일어난 오순절 이후 예루살렘 사람들이 직접 목격할 수 있었던 교회는 더 말할 나위도 없이 사도들의 가르침을 받아 변화된 새 삶을 사는 평신도였다.

믿는 사람이 다 함께 있어 모든 물건을 서로 통용하고 또 재산과 소유를 팔아 각 사람의 필요를 따라 나눠 주며 날마다 마음을 같이하여 성전에 모이기를 힘쓰고 집에서 떡을 떼며 기쁨과 순전한 마음으로 음식을 먹고 하나님을 찬미하며 또 온 백성에게 칭송을 받으니 주께서 구원 받는 사람을 날마다 더하게 하시니라(행 2:44~47).

세상은 이렇듯 평신도를 보고 교회를 알게 된다. 평신도가 보여주는 이미지에 따라 그들은 교회를 좋게 보든지 나쁘게 보든지 하게 된다는 말이다.

그러므로 평신도는 결코 교회의 객체가 될 수 없다. 그들은 정기적으로 예배에 나와 경건한 의식에 잠깐 감명을 받고 돌아가는 관람객이나 교회 운영에 보탬을 주는 후원자가 아니다. 더욱이 주인의 명령에 마지못해 움직이는 하인의 신분도 아니다.

평신도는 그 말의 본래 의미대로 '하나님의 백성'이며 '교회의 주체' 다. 성직자와 평신도는 평등하게 그리스도의 몸에 속한 지체들이다. 성직자와 평신도 모두 머리되신 주님으로부터 소명을 받고 있다. 이 소명을 위해 성령은 각자에게 그 믿음의 분량에 따라 각양 은사를 주어 몸의 지체로서 그 기능을 다하게 하신다.

내게 주신 은혜로 말미암아 너희 각 사람에게 말하노니 마땅히 생각할 그 이상의 생각을 품지 말고 오직 하나님께서 각 사람에게 나누어 주신 믿음의 분량대로 지혜롭게 생각하라 우리가 한 몸에 많은 지체를 가졌으나 모든 지체가 같은 기능을 가진 것이 아니니 이와 같이 우리 많은 사람이 그리스도 안에서 한 몸이 되어 서로 지체가 되었느니라 우리에게 주신 은혜대로 받은 은사가 각각 다르니 혹 예언이면 믿음의 분수대로, 혹 섬기는 일이면 섬기는 일로, 혹 가르치는 자면 가르치는 일로, 혹 위로하는 자면 위로하는 일로, 구제하는 자는 성실함으로, 다스리는 자는 부지런함으로, 긍휼을 베푸는 자는 즐거움으로 할 것이니라(롬 12:3~8).

그렇다면 평신도는 어떤 소명을 받고 어떤 은사를 따라 그리스도의 몸인 교회의 한 지체로서 그 기능을 수행하고 있는가? 이 점에 있어서 오늘 우리 교회에 문제가 있지 않은가?

불행하게도 많은 교회의 평신도가 잠을 자고 있다. 엄청난 저력을 가진 거인이 제 기능을 못하고 힘을 쓰지 못하고 있다. 물론 소수의 평신도 헌신자들이 있어 교회의 조직과 운영에 기여하고 있다. 그러나 때로는 이것이 역기능적으로 작용하여 오히려 소수의 모범적 평신도에 의해 교회의 기능이 독점되고 나머지 신자들은 그런 현상을 아주 당연한 것으로 여긴다. 따라서 교회는 교역자가 받들어 주지 않으면 움직이지를 못한다. 또한 소수의 평신도 헌신자들이 없으면 사역이 마비된다. 이런 교회가 바로 우리 교회가 아닌가?

이런 현상에서 만일 교역자들이 교회의 평신도들이 이렇게 피동적이 되어버린 것은 평신도 스스로가 뿌린 자업자득의 결과일 뿐 교역자의 책임이 아니라고 책임전가하려고 한다면, "내 어린양을 먹이라, 내 양을 치라, 내 양을 먹이라"라고 분부하신 주님의 명령을 다했다고 할 수 있겠는가?

사실 교역자들이 열심히 가르치고 훈련하려 할 때 평신

도들은 갖가지 구실로 빠져 나가려 하고 그것이 습성화되어 있는 것이 현실이다. 게다가 평신도들은 대체로 시간이 없다. 피곤해 한다. 먹고살기도 바쁘다. 전문 지식도 없다. 그들은 스스로 세상에서 생업에 종사하며 무거운 짐을 진 자들이다. 그래서 교회는 그들에게 쉼을 주어야 하고, 교회에서만이라도 부담을 느끼지 않게 하여야 하고, 교회 안에서는 빈자리를 채우거나 시키는 일이라도 적당히 하면 다행으로 생각해야 한다고 생각하는 교역자도 있다. 그리고 전도하는 일이나 가르치는 일이나 상담하는 일은 신학교를 나온 전문 교역자가 해야 한다고 생각한다. 그러나 교회의 머리되신 주님은 평신도를 방치하거나 병들게 한다면 반드시 그 책임을 교역자에게 물으실 것이다. 따라서 평신도를 깨워야 한다. "일어나 빛을 발하라"고 격려하고, 훈련하고, 세워주어야 한다.

안타까운 것은 사도행전 2장과 4장에 나타난 부흥하는 교회상, 곧 참다운 평신도 상을 보면서도 대체로 오늘의 평신도들은 자신이 누구이며, 무슨 소명을 받았고, 어떻게 준비해서 주님을 섬길 수 있는지에 대해 무관심하다.

이제 교역자가 성경적인 참다운 평신도 상을 수립할 수 있도록 평신도들을 훈련하여 적극적인 사역의 동반자로 받아들여야 한다. 메디슨이란 한 평신도가 로잔대회에서 교역자들을 향해 진지하게 호소한 말이 있다.

> 평신도가 바라는 것이 무엇인가? 그것은 정말 중요한 일에 우리를 참여시켜 달라는 것이다. 그리고 교회 교역자들이 우리에게 성경을 어떻게 공부하며, 기도를 어떻게 하며, 사랑으로 사는 것이 어떤 것이며, 전도하는 방법, 그리스도를 닮아가는 방법이 어떤 것인지 보여줄 필요가 있다. …… 우리는 여러 교역자들의 지도와 도전을 필요로 하는 사람들이다.[24]

우리 주변에도 이와 비슷한 심정을 가진 평신도들이 있을 것이다. 종교개혁은 성경으로 돌아가라는 것이었고, 만인이 제사장이라는 위대한 깨우침을 주었다. 또한 종교개혁은 평신도에게도 성경을 주었으며, 설교의 중요성이 강조되었다. 강단은 성찬예전 중심에서 말씀예전 중심으로 돌아왔다. 성직자들은 말씀예전을 부르짖으며 교직의 중요성을 강조했다. 그 결과 훈련에 훈련을 거듭한 설교의 성장과 지식의 축적은 평신도의 추종을 불허했고, 평신도는 성직자에 비해 더 무지하고 무능력한 자라는 열등감이 팽배하게 되었다. 만인사제론에도 불구하고 이런 교직자들 앞에서 평신도가 감히 자신도 사제라고 그 무엇 하나 제대로 내세울 수 없었으며 오히려 교회는 성직자들의 경건생활과 평신도들의 세속에 속한 생활로 이원화되고 성직자의 계급과 평신도들의 골이 깊어져 500년 가까운 세월을 지내온 것이다.

이제 우리는 지금 잃어버린 성경적 평신도 상을 다시 회복하는 용기와 노력을 필요로 하는 시대에 살고 있다. 여기에 교역자와 평신도 모두의 노력이 필요하다. 평신도가 깨어나야 21세기 교회는 희망이 있다. 평신도가 잠들어 있으면 교회는 세상을 향해 아무것도 할 수 없는 무기력한 무덤과 같이 될 것이다.

21세기 교회의 희망은 바로 교회의 주체인 평신도가 깨어나는 데 있다. 그래서 사도행전적 평신도 상을 회복하는 데 있다.

4) 현대 교회에서 평신도와 교역자의 관계

때로 평신도와 교역자의 관계가 불편하여 교회 부흥에 긴장감과 지장을 초래하기도 한다. 경우에 따라서는 이것이 교회의 가장 힘든 문제가 될 수 있다. 이런 처지에서 평신도가 교회의 주체라 한다면 교역자는 평신도와 어떤 관계에서 그 위치를 유지해야 하나?

평신도와 교역자는 가장 가까우면서도 동시에 가장 힘든 관계, 상처를 주고받기 쉬운 관계다. 존 스토트는 평신도와 교역자의 매끄럽지 못한 관계를 다음과 같이 지적하였다.

교권주의 정신은 평신도를 무시하여 아예 평신도라는 것이 존재하지 않는 것처럼 행동해 버린다. 반면에 반교권주의는 교직을 멸시하여 그것이 아무것도 아닌 것같이 생각한다. 설마 그 정도는 아니더라도 제발 없어져 버렸으면 하는 생각을 은근히 가지고 있다.25

반교권주의를 불러일으킨 장본인은 교권주의자들이라고 한다. 그것은 교역자가 평신도를 은근히 무시하고 억누르기 때문에 상대적으로 평신도는 교역자와 자기들이 하나님 앞에 무슨 차이가 있느냐는 도전감을 갖게 만들었다는 것이다.26) 그러나 평신도가 교역자의 이런 행동들 때문에 상처를 입었다 해서 교직 제도 자체를 거부해서는 안 된다. 만일 이것이 지나쳐 성직제도 자체를 거부하게 된다면 최고 재판관인 성경의 권위를 거부하는 것이 된다. 왜냐하면 교직은 그리스도께서 그의 교회를 위해 내리신 직분이기 때문이다. 에베소서 4장 11~12절을 보라.

그가 어떤 사람은 사도로, 어떤 사람은 선지자로, 어떤 사람은 복음 전하는 자로, 어떤 사람은 목사와 교사로 삼으셨으니 이는 성도를 온전하게 하여 봉사의 일을 하게 하며 그리스도의 몸을 세우려 하심이라.

앞에서 우리는 여러 가지 근거로 성직자와 평신도가 신분상 차이가 없다는 것을 강조했다. 사실이다. 그러면 질문을 하게 된다. 교역자에게는 평신도와 다른 권위가 전혀 없는가? 그렇지 않다. 교역자에게는 평신도에게 없는 사역 상의 권위가 있다.

루터는 다음과 같이 말한다.

목사와 다른 신자 사이에 어떤 차이, 특히 신분상의 차이는 존재하지 않는다 할지라도, 하나님의 특별한 명령으로 어떤 봉사가 하나의 직분으로 바꿀 수 있다는 점에서 목사의 직분 은 다른 것과 확실히 구별된다.

칼빈도 같은 입장에서 이렇게 말한다.

목사는 단순히 교회에 고용된 종처럼 취급을 당해서는 안 될 것이다. 하나님의 뜻을 행하는 사람으로서, 사람들의 변덕에 이리저리 끌려 다니지 않는 하나님의 종으로 인정받아야 할 것이다.[27]

전통적으로 교회는 교역자의 이런 권위를 안수라는 의

식을 통해서 공인해 왔다. 칼빈은 이와 같은 목사의 권위를 '불편한 권위'라고 표현까지 하였다. 왜냐하면 이와 같은 권위는 '높아지는 권위'라기보다 오히려 '속박당하는 권위'기 때문이다.[28] 목사는 하나님이 아니지만 그렇다고 함부로 취급해서는 안 되는 신성한 권위가 있다.

이 신성한 권위는 오히려 평신도를 위해서 인정되고 존중되어야 한다. 이 권위는 그리스도께 예속된 권위로서 임의로 사용할 수 있는 것이 아니라 평신도인 양 무리를 섬기고 양육하는 데 사용되어야 할 권위기 때문이다. 교역자의 권위는 평신도를 위하여 존재 의미를 가진다. 반면 평신도는 이런 권위를 통해서 양질의 목회적 돌봄과 사랑을 받아 성숙하게 된다. 그러므로 교역자와 평신도는 주님 안에서 사랑의 동반자로 존중하며 새로 세워주는 관계 여야 한다. 이 점에 대하여 「목회신학」이라는 저서에서 오덴(Thomas C. Oden)은 목회의 직무에 대해 다음과 같이 말한다.

목회의 직무는 평신도(일반목회)와 성직자(안수목회) 사이의 차이점을 분명하게 구분할 수 있음을 보여주고 있다. 차이점은 도덕적인 우월성이나 정치적인 이해관계에 있는 것이 아니라, 예배를 주재하라는 하나님의 내적인 부르심과 외적으로 안수식을 통하여 전체 교회에 의하여 확증되는 것이다. 평신도와 성직자 모두는 믿음, 소망, 사랑 안에 거한다. 이들은 모두 동등하게 의롭다고 인정되며, 모두 함께 성령의 성화의 권능을 필요로 하고 있다. 성직자와 평신도 사이의 차이점은 우월하다거나 또는 복종이라는 언어로는 적절히 설명될 수가 없다. 오히려 이 차이점은 수혜자의 잠재적인 가능성들을 진실로 존중하여 주며 양을 치는 것, 양육하는 것, 마음을 통하여 돌보아주는 것과 같은 우리가 잘 아는 인간 상호간의 유비를 알맞게 적용할 것을 기다리고 있다. 목회의 리더쉽 또는 권위가 수혜자의 뜻을 무시하고 무모하고 강제적인 힘이라고 간주될 때는 이 리더쉽은 이미 그리스도의 몸에 온전히 참여한 증거를 보여주는 인간 상호간의 유비로부터 분리된 상태이다. 이것이 바로 정치적 권위와 그리스도의 비강제적 권위 및 그리스도의 사역의 내적 권위와 다른 이유이다. 목회자의 정당한 권위는 정의상, 섬기는 역할과 밀접

하게 연결되어 있는 것이다.[29]

5) 평신도에 대한 각성의 발현

20세기에 들어와서 왜 갑자기 평신도에 대한 각성이
일어나게 되었는가? 20세기 후반기 한국 교회 평신도 사
역의 중요성과 필요성을 일깨운 평신도 재발견의 기수인
사랑의 교회 원로목사 옥한흠은 헨드릭 크래머(Hendrik
Kremer)와 존 스토트(John Stott)의 견해를 비교하며 그
이유를 밝히고 있다.

크래머는 그 배경으로 두 가지를 지적하였다. 하나는
급속도로 팽창해가는 현대 사회의 구조 안에서 평신도가
지닌 증인으로서의 중요성, 곧 선교의 큰 잠재력을 구체적
으로 활용하고자 하는 강한 노력 때문이고, 다른 하나는
에큐메니칼 운동(Ecumenical Movement, 세계교회운동)이
그 산실이 되었기 때문이라는 것이다.[30]

그러나 옥한흠 목사는 크래머의 평신도에 대한 각성이
시대적 요구에 응해서만 일어났다는 견해는 일반적인 현

실론에 지나지 않는다고 보았다. 오히려 평신도의 건전한 소명과 역할은 시대적인 요구에 앞서 성경적인 요구라고 보아야 할 것이라고 한다.31 그 증거로는 많은 복음주의 선교 기관들이 에큐메니칼 운동과 아무 관계 없이도 활발히 움직이는 것에서 볼 수 있다.

평신도의 소명을 성경 속에서 부르시는 하나님의 음성으로 들어야 된다는 것이다. 곧 성경만이 유일한 개혁의 근거라는 것이다.

그래서 옥한흠 목사는 존 스토트가 지적한 말을 타당하게 본다.

평신도가 호응적이고 능동적이며 건설적인 교회의 일원이 되어 주기를 기대하는 바른 이유는 신학적 원리에 입각한 실용주의나 편의주의 때문이 아니라 성경적이기 때문이다. 그것은 교역자가 평신도의 도움을 필요로 해서도 아니며, 평신도가 유용한 존재가 되기를 원해서도 아니며, 지금 세상이 그런 식으로 생각하니까 그런 것이 아니라, 하나님 자신이 그렇게 되기를 그의 뜻으로 보여주셨기 때문이다. 더욱이 평

신도가 교회에서 아무에게도 빼앗길 수 없는 자신의 권리와
의무를 찾아 수용할 수 있는 단 하나의 길이 있다면 그것은
그들이 하나님의 말씀 앞으로 나와 자기 백성을 향하신 하나
님의 뜻으로 그들 자신을 인정하는 것이다.[32]

그러나 필자는 현실 교회에서 평신도 활동의 필요성과
그 역할을 볼 때 현실적인 면에서는 크래머의 이야기가 타
당하며, 근원적인 동기에서는 존 스토트의 지적이 옳다고
본다. 성경적 이유가 현실적 필요성에 의해서 평신도에 대
한 각성이 일어난 것이다.

이 사실이야말로 성령이 하시는 일이 아닌가?

3. 평신도의 사명과 역할

1) 교회론 정립

미국 훌러 신학교의 조직신학 교수 앤더슨(Ray S.

Anderson)은 "각 시대마다 마땅히 성도들에게 맡겨진 사역의 성질이 무엇인지를 묻고 생각해야 한다"[33]라고 말한 바 있다.

마찬가지로 우리는 목회 현장에서 교회가 무엇이며 교회가 어떠해야 하는가를 수시로 질문해야 한다. 만일 이런 질문하기를 그만둔다면 자신과 교회가 끊임없이 갱신되어야 하고 발전해야 한다는 영적인 당위성을 망각하게 될 것이다.

새들백교회의 릭 워렌(Rick Warren) 목사는 다음과 같이 말했다.

모든 교회는 무엇인가에 의해 움직인다. 교회에서 일어나는 모든 일에는 인도하는 힘과 조절하는 과정과 이끌어 가는 확신이 작용한다. 어쩌면 이것들은 이야기되지 않고 많은 사람들에게 알려지지 않는 것들인지도 모른다. 이것들이 공식적으로 두절된 적은 아마도 한 번도 없을 것이다. 하지만 이것들은 분명히 존재하며 교회 생활의 모든 면에 영향을 끼친다. 당신의 교회를 움직이고 있는 추진력은 무엇인가?[34]

교회를 움직이는 추진력이란 곧 목회철학이요 교회론
이다.

신약성경에 나타난 교회를 가리키는 용어 중에 가장 일
반적으로 사용된 용어가 에클레시아(eklesia)다. 에클레시
아는 하나님의 택함을 입은 사람들의 모임, 혹은 회중을
의미한다. 하나님의 백성으로서의 교회는 예수님이 부활
하신 후에 그를 살아계신 하나님의 아들이며 그리스도로
고백하는 사람들이 나타나면서부터 시작되었다. 그들은
흑암의 권세에서 건짐을 받아 하나님의 아들의 나라로 옮
겨진 새로운 백성의 무리다(골 1:13). 이런 의미에서 교회는
택하신 족속이요 거룩한 나라가 된다(벧전 2:9). 그러나 교
회는 하나님 아버지 안에 있기 때문에 세상의 어떤 모임과
도 구별되고, 예수 그리스도 안에 있기 때문에 유대인의
회당 중심의 모임과도 그 성격을 달리한다(살전 1:1).

한편 세상으로부터 부름 받은 하나님의 백성인 교회는
예수님이 오셔서 실현하신 하나님 통치의 유기적, 제도적,
세상적인 표현이라 할 수 있다. 하나님의 나라가 보다 포
괄적인 하나님의 통치 영역을 의미한다면 교회는 그 통치

권 안에 속해 있는 과도기적 제도라고 보아야 할 것이다. 과도기에 있는 교회는 미래에 주님이 오실 때 완성될 하나님 나라의 도래를 겸손하게 기다려야 한다. 교회는 아직 이 목적지에 도달하지 못하였다. 다만 영원한 도성을 향해 순례의 길을 걷고 있다. 그러므로 "지금의 교회는 종말을 알리는 사인(sign)이며, 앞으로 무엇이 도래할 것인가를 알리는 게시판과 같다. 왕이 오실 때 교회는 왕국을 물려받을 것이고 그 왕국은 우주에서 실현될 것이다."35

그런데 교회를 "부름 받은 하나님의 백성"이라고 정의할 경우 미래 지향적인 교회로 장차 완성을 향해 가는 교회와는 어울리지 않는다. 세상에 아직 남아 있는 교회는 그 자체의 존재 이유라 할 수 있는 독특한 소명을 가지고 있기 때문이다.

이 소명이란 무엇인가? 예수께서 말씀하시기를 마태복음 16장 18절에서 "또 내가 네게 이르노니 너는 베드로라 내가 이 반석 위에 내 교회를 세우리니 음부의 권세가 이기지 못하리라" 하셨다.

교회의 소명이 여기에 있다. '음부의 권세가 이기지 못하게' 하는 것이다. 다시 말하면 이 소명은 '세상을 구원하시려는 하나님의 뜻' 을 이루어 드리는 것이다. 따라서 지상의 교회는 '세상으로부터 부름 받은 특권' 만 있는 것이 아니라 '세상으로 보냄 받은 소명' 을 함께 가지고 있어야 한다.

천상의 교회라면 더 이상 세상으로 보냄 받을 필요가 없고 세상에 나가 복음을 전할 이유가 없다. 그러나 우리가 목회하는 교회는 지상에 남아 있는 교회다. 그러므로 특권과 함께 소명을 자신의 신앙고백으로 삼을 수 있어야 한다. 그래야 특권만 알고 소명을 모르는 절름발이 교회를 만들지 않게 된다.

여기서 교역자는 평신도를 깨어나게 할 중대한 질문을 해야 한다. "당신이 부름 받은 특권을 누리고 있는가? 그렇다면 보내심 받은 소명도 순종해야 하지 않겠는가?"36 이것이 오늘 교회의 주체가 되는 평신도가 깨달아야 할 교회론이다.

지상 교회는 또한 구체적으로 지역 교회임을 배제할 수

없다. 우리가 섬기는 작은 지역 교회를 통해서 하나님의 나라가 가까워진다는 긍지를 가져야 한다. 따라서 평신도가 깨어나기 위해서는 아무리 작은 양무리라 할지라도 이 작은 지역 교회에서 바로 그들과 함께 부르심의 특권과 보내심의 소명을 공유하며 지역사회의 영혼을 구원하는 비전을 나눠야 한다. 그래서 우리는 "지상 교회는 세상으로부터 부름 받은 하나님의 백성이요, 또한 세상으로 보내심 받은 그리스도의 제자"라고 정의할 수 있다.

옥한흠 목사는 한스 큉의 「교회론」의 도움을 받아 지상 교회가 사도의 계승자로서 세상에 보냄 받은 소명자라는 인식을 분명히 했음을 밝히며,37 전 교회는 사도들의 터 위에 세워진 성령의 전이며, 전 교회는 사도의 사역에 의해 하나를 이룬 그리스도의 몸이라고 본다.

진실로 교회는 누구나 구별 없이 하나님의 부르심을 받은 백성들로 구성되었기 때문에 사도의 계승자가 되기 위해 어느 한 사람이나 특정 그룹이 나설 수 없다. 성직자나 평신도를 가릴 것 없다. 전 교회가 유일한 계승자다. 그러면 무엇에 근거해서 계승자가 된다고 볼 수 있는가?

믿는 자는 다 성령으로 거듭 태어난 하나님의 자녀들이다. 한스큉은 사도성의 계승을 유효하게 하는 것은 바로 성령이라고 말한다.[38] 사도들을 감동시키고 그들을 증인되게 하신 그 성령께서 지금은 교회 안에서 성도로 하여금 사도가 전해준 복음을 그대로 믿고 순종하도록 하시기 때문에 보이지 않는 내면적인 연속성이 끊어지지 않고 있다는 것이다.

그러므로 사도들이 성령의 사람이었던 것처럼 우리가 성령의 사람이면 계승자로서의 자격을 갖추고 있는 것이다. 이 계승에서 제외된 평신도가 있는가? 아무도 없다. 왜냐하면 그리스도의 영이 그에게 있기 때문이다(롬 8:9).

그러면 교회는 구체적으로 어떤 방법을 통해서 사도의 계승자가 될 수 있는가?

첫째는 사도들의 교훈을 계승하는 것이다. 이것은 그들의 신앙과 고백을 따르는 것을 의미한다. 말씀을 통해 평신도들에게도 그 길이 얼마든지 열려 있다.

둘째는 사도의 사역을 계승하는 것이다. 이것은 사도들이 주님으로부터 받은 명령을 그대로 이어받아 복종하는 것을 의미한다. 지상 교회 자체가 본질상 사도적 소명을 가지고 있는데, 교회의 주체인 평신도가 그 소명에서 예외일 수 없다. 이와 같이 지상 교회가 사도의 사역을 계승하는 일은 하나님의 뜻과 일치한다. 모든 사람이 구원을 받으며 진리를 아는 데 이르는 것이 하나님의 뜻이다.

> 하늘에 있는 자들과 땅에 있는 자들과 땅 아래에 있는 자들로 모든 무릎을 예수의 이름에 꿇게 하시고 모든 입으로 예수 그리스도를 주라 시인하여 하나님 아버지께 영광을 돌리게 하셨느니라(빌 2:10~11).
>
> 하나님은 모든 사람이 구원을 받으며 진리를 아는 데에 이르기를 원하시느니라(딤전 2:4).
>
> 주의 약속은 어떤 이들이 더디다고 생각하는 것같이 더딘 것이 아니라 오직 주께서는 너희를 대하여 오래 참으사 아무도 멸망하지 아니하고 다 회개하기에 이르기를 원하시느니라(벧후 3:9).

교회가 존재하는 중요한 목적은 모든 족속에게 복음을

전하는 데 있다. 그 외에 속한 모든 것(봉사, 성례, 교리, 예배)은 부수적인 것이 된다. 어떤 의미에서는 교회가 구원을 받기 위해 존재하는 것이 아니다. 교회는 이미 주님을 영접한 자로서 사망에서 생명으로 옮겨졌고 영생을 소유한 새로운 신분으로 존재하기에(요 5:24), 교회는 자신이 무엇이 되느냐보다 무엇을 하느냐에 그 목표를 설정해야만 한다. 목표는 '되느냐'(being)를 넘어서 '하느냐'(doing)로 나가야 한다. 그래서 베드로 사도는 "…… 이는 너희를 어두운 데서 불러내어 그의 기이한 빛에 들어가게 하신 이의 아름다운 덕을 선포하게 하려 하심이라"(벧전 2:9)라고 하였다.

복음의 증인되기를 포기한 교회는 그 영력을 쉽게 상실한다. 그 이유는 하나님의 가장 큰 뜻에 대한 복종과 하나님 나라의 실현을 위한 소망을 잃어버렸기 때문이다. 다음의 말씀을 보자.

이 천국 복음이 모든 민족에게 증언되기 위하여 온 세상에 전파되리니 그제야 끝이 오리라(마 24:14).

또 가라사대 너희는 온 천하에 다니며 만민에게 복음을 전파
하라(막 16:15).

2) 교회의 본질

(1) 사도성

평신도를 깨워 시대의 소명자로 세우기 원하는 사람이
라면 교회의 본질에 비추어 평신도가 사도들처럼 세상으
로 보내심을 받은 소명자가 틀림없다는 사실을 입증해야
한다.

교회의 본질은 성성(聖性), 통일성, 보편성으로 이해해
왔다. 그러나 지상의 교회는 사도의 계승자로서 세상으로
보내심을 받은 소명자다. 따라서 평신도들을 깨우는 것은
주님으로부터 받은 명령으로 볼 수 있다.

교회의 사도성은 이레니우스(Irenneus, 130~200, 리용
의 감독), 테르툴리아누스, 그리고 키프리아누스에 의하여
강조되고[39] 주후 325년에 만들어진 니케아신조에서 교회
의 네 가지 속성 중 하나로 확정되었다.

사도성은 예수께서 사도들을 세상에 보내시고 그 터 위에 그의 몸된 교회를 세우셨다는 데서부터 시작된다.

아버지께서 나를 보내신 것같이 나도 너희를 보내노라(요 20:21).

너희는 사도들과 선지자들의 터 위에 세우심을 입은 자라 그리스도 예수께서 친히 모퉁잇돌이 되셨느니라(엡 2:20).

사도들은 부활하신 주님을 처음으로 목격하였던 증인으로서 예수님으로부터 직접 모든 종속에게 복음을 증거하기 위해 보내심을 받은 사람들이었다.

이런 의미에서 사도는 교회의 시작이며 영구한 기초석이 되었다. 이 사실에 근거해서 교회는 사도적이라고 말할 수 있다. 교회가 사도적이라는 것은 사도성을 그 본질로하고 있다는 것을 말한다.

한스 큉은 사도성은 교회의 본질을 결정하는 다른 모든 속성, 즉 통일성, 보편성, 성성(聖性) 가운데서 가장 기본적인 것으로 보고 이렇게 말하였다.

우리는 다양성 가운데 존재하는 통일성, 통일성 가운데 존재하는 보편성, 죄 가운데 존재하는 거룩성에 대해 물음을 제기했다. 그럴 때마다 우리에게는 기준에 대한 물음이 제기되었다. 우리는 어디서 어떤 한도 내에서 하나의, 거룩하고, 보편적인 교회와 관계를 맺게 되는 것인가? 참된 통일, 참된 보편성, 참된 거룩성은 무엇인가? 네 번째 교회의 술어가 결정적인 기준을 제시해 준다. 즉 교회는 사도적 교회일 때에만, 하나의 거룩하고 보편적인 교회가 될 수 있다는 것이다. 그 어떤 통일성과 거룩성, 그 어떤 보편성이 중요한 것이 아니라 사도와 관련되어 있는 교회, 이런 의미에서 사도적 교회가 중요한 것이다.[40]

교회는 세상과 구별되고 성령이 내주하시는 성전이라는 점에서 거룩하다. 시대와 족속과 국경을 초월하여 하나라는 점에서 보편성을 지닌다. 교회의 머리는 오직 예수 그리스도뿐이라는 점에서 통일성을 가지고 있다.

그러나 이 교회가 사도들이 증거한 복음의 터 위에 세워진 것이 아니면 하나님의 교회라고 할 수 없다. 사도의 터 위에 세워지지 않았다면 다른 본질들마저 잃게 된다. 예를 들면 통일교도 자기들의 모임을 교회라고 부른다. 엘리야 선교회, 안식교도 그렇게 부른다. 그러나 우리가 그것을 인정하지 않는 이유는 그들의 터가 사도들의 복음이 아니라는 것을 알 수 있기 때문이다.

이런 의미에서 사도성은 다른 본질들에 비해 기본적인 것이요 다른 본질을 평가할 수 있는 표준이 된다고 한 것은 한스 큉의 깊은 통찰이다.[41]

이제 사도성과 성경과의 관계를 언급하고자 한다. 교회가 사도들의 증거와 사역에 기초를 두고 있는 이상 그 교회는 사도적 교회임이 틀림없다. 그리고 사도적인 교회라면 그것은 성경에 일치하는 교회인 것이다. 성경을 떠나 사도적인가를 확인할 수 있는 다른 권위란 존재하지 않기 때문에 사도적이라는 말과 성경적이란 말은 서로 동일한 의미를 가진다.

(2) 계승되는 사도성

사도직은 독특한 것이어서 반복될 수 없다. 부활 후 예수님을 직접 목격하고 그에게서 직접 사도로 임명받았다는 특권 때문에 예수님이 승천하시자마자 바울과 같은 특별한 경우를 제외하고는 아무도 열두 사도와 같은 똑같은 영광을 누릴 수 없다.

로마 가톨릭이 사도직을 교황 개인이나 제도상의 교회가 계승할 수 있다고 주장하는 것은 큰 오류다. 사도는 더 이상 존재하지 않는다. 다만 지금은 사도의 교훈과 사역이 남아 있을 뿐이다. 그러면 누가 사도들의 계승자가 될 수 있는가?

한스 큉은 그 계승자가 바로 교회라고 한다.[42] 소수의 개인이 아닌, 남녀가 구별 없는 전 교회가 그 계승자다. 결국 우리는 사도적인 교회를 고백하는 사람들이다. 전 교회는 사도들이 예수 그리스도의 복음을 선포하여 세상으로부터 불러 모은 하나님의 새 백성이다.

여기에 바로 평신도의 사명이 있다. 안수 받은 교역자만이 아니라 전 교회가 주님께 부르심을 받고 또 주님께 세상으로 보내심을 받은 일꾼임을 망각해서는 안 된다.

3) 평신도의 사명과 역할

앞에서 살펴본 교회론이 평신도 신학의 근거가 되어 평신도의 사명을 규정해 준다. 여기서 평신도의 사명과 역할을 살펴보자.

현대 교회와 사회는 평신도의 다양한 역할과 기능을 요구하기 때문에 모든 평신도가 함께 참여해야 할 평신도 목회의 중요성이 대두되고 있다. 여기서 사명과 역할을 '사역'이란 말로 표현코자 한다. 현대 평신도 사역이란 넓게 말하면 평신도 직을 통해서 하나님의 선교에 참여하는 증언과 봉사를 의미한다.

평신도의 사역은 본질적으로 교회만도 아니고 세계만도 아니다. '교회와 세계' 사이의 '관계'를 그 준거로 선택하는 데서 출발한다. 곧 교회는 '세계 속의 교회'다. 따라서 평신도의 사역은 구체적으로 두 가지 구조 속에서 그 사명을 수행하게 된다. 하나는 모이는 교회에서의 평신도 사역이며, 또 하나는 흩어지는 교회에서의 평신도 사역이다.

(1) 모이는 교회로서의 평신도 사역

크래머는 교회에는 처음부터 '성직자의 사역'과 '평신도 사역'이 모두 내재해 있었다고 한다. "교회의 참된 성질과 그 소명을 거침없이 표현하기 위해서는 평신도가 교회에서 교직자나 목사들과 같이 참된 주체자라는 점을 파악하는 것이 근본적으로 중요한 것이다."[43] 그러므로 평신도 사역은 성직자 사역과 함께 교회의 본질과 사명에 일치하는 통전적인 의미를 지닌다.

① 평신도의 제사장직 기능

평신도의 제사장직 기능은 공동예배와 성례전을 통해서 구현된다. 지난날 구교에서는 제사장직 기능이 성직자의 점유물이 되었고 성례 중심주의(Sacramentalism)였다. 그러나 우리가 시도하고 있듯이 예배는 공동체적 예배로 갱신되어야 한다. 신앙공동체의 예배는 하나님과 하나님 백성 사이에 계시와 응답의 만남 사건이다.

예배는 전 회중이 참여하는 공동적인 사건이 되어야 한다. 평신도 사역에 있어서 예배에 대한 평신도의 이해가 중요하다. 평신도는 초대교회의 전승에 따라서 말씀을 듣고, 교제를 나누고, 함께 떡을 떼며, 그리스도의 임재를 감격적으로 표현하는(행 2:42) 찬양과 기도에 참여한다. 평신도는 이 예배를 통해서 다소 변화의 체험을 하게 되며, 세계와 화해하는 하나님의 선교의 참여로 이어지는 것이다. 그러므로 이 예배는 평신도의 선교적 의식과 증언을 실천하는 결단의 행위까지 포함하고 있다.

② 평신도의 예언적 기능

평신도의 예언적 기능은 목회자와 분담된 리더십으로 다양한 선교기관에서의 교육과 증언(설교)의 사명을 의미한다.

각 교회마다 전 교인을 신앙으로 지도하며 훈련시킬 평신도 지도자를 필요로 하고 있다. 평신도 지도자들은 목회자와 함께 교회의 속회, 교회학교, 성가대 등을 담당하여 성경연구와 교리 및 신학적 이해를 도와주고 일을 분담하여야 한다. 능력 있는 평신도 지도자들은 다른 평신도들에게도 함께 참여하여 일할 수 있도록 자극하며, 목회자가 할 수 없는 돌봄과 섬김의 신앙적 관심을 가질 수 있다. 특히 오늘날 팀 사역(team ministry)이라는 개념이 교역자나 평신도 리더십에 상당히 긍정적인 변화를 주었다.

③ 평신도의 왕권적 기능

평신도의 왕권적 기능은 '청지기직'으로 교회의 조직과 행정 및 관리에 적극 참여하는 일이다. 평신도는 교회의 다양한 행정 조직에 적극적으로 참여해야 한다. 교회의 청지기직은 목회상담, 심방 그리고 교회의 재산관리 등을 목회자와 협력하여 하는 일이다. 교회의 청지기직은 자발적인 참여와 봉사를 통해서 평신도 개인의 신앙 성장과 변화뿐만 아니라 신앙공동체의 부흥과 함께 선교적 사명을 함께 공유하는 일이다.

(2) 흩어지는 교회로서의 평신도 사역

평신도가 세상 속으로 흩어진다는 것은 세계 속에서 활동하시는 하나님의 선교에 동참하는 것이다. 흩어짐의 신학적 근거는 평신도의 제사직, 예언직, 왕권적 기능에 고난 받는 종으로서의 섬김의 역할에 있다.

① 교회의 선교적 구조를 통한 증언

교회의 구조가 선교 지향적으로 변화되어야 한다. 이것은 웨슬리가 강조해온 '교회 안의 교회' 곧 소그룹(small group)이 활성화되어야 한다. 평신도의 선교적 자원을 발굴하여 교회가 평신도로 하여금 세계를 향해 문호를 개방하게 하며 교회의 선교적 사명을 잘 수행할 수 있도록 동기 부여를 할 때 복음의 세계화가 달성될 수 있다.

② 소명을 통한 세계 속의 현존

교회에서 세상으로 나간 평신도는 부름 받은 이로서, 세계 속에서 그 소명을 실천한다. 영성과 함께 전문성을 가지고 증언과 봉사자가 된다. 예를 들면 기독인 의사, 기독인 사업가, 기독인 엔지니어 등이다.

③ 세계의 각 영역에 침투하는 사자

평신도는 목회자가 직접 관계를 맺고 활동할 수 없는 각 분야의 다양한 직종에 종사하며 그 현장에서 복음의 증거자가 될 수 있다. 평신도는 그의 전문직업을 통해서 세계를 변화시키는, 평신도 사도직의 소명을 감당하고 있다.

이런 의미에서 평신도는 사회 구원을 성취해야 할 또 다른 목회적 사명을 가지고 있다. 보수주의는 모이는 교회와 복음주의를 강조하고, 진보주의는 흩어지는 교회와 사회 변혁만을 강조하는 경향이 있어 왔으나 이제는 양극화가 아닌 통전적인 차원에서 사명을 수행해야 한다.

평신도는 하나님의 백성으로 부름을 받은 동시에 세상의 부름을 받았으므로, 모이고 흩어지는 양면적 신앙 활동 범위에서 끊임없이 변화되고 성장해야 한다. 그리고 이런 평신도의 사명과 역할은 평신도 리더십의 개발과 극대화를 통해 효과를 거둘 수 있다. 그러므로 다음 장에서 평신도의 리더십을 규명하고 개발을 모색코자 한다.

4. 평신도 리더십 개발

1) 리더십에 대한 개념 이해

⑴ 리더십의 일반적 개념 이해

지난 역사의 발자취를 보면 어떤 지도자가 시대를 이끌어 가느냐에 따라서 그 시대가 달라지고 시대적인 특징이 형성되었음을 알 수 있다. 지도자가 시대를 만들어 간다는 사실을 역사의 교훈을 통해 배울 수 있다.

20세기에 들어서 비로소 시작된 리더십에 대한 연구는 다양한 정의를 내리고 있다. 전통적인 리더십 연구방법에서는 지도자가 가지는 권력이나 영향력을 중심으로 하여 지도자의 특성이론(trait theory), 지도자의 행위를 중심하여 행동이론(behavior theory), 지도자란 상황의 산물이라는 견지에서 상황이론(situational theory) 등으로 발전하여 왔다. 이런 과정 속에서 리더십에 관한 다양한 정의가 시도되었다.

리처드 울프(Richard Wolff)는 앞서가거나 영향을 주는 입장에서 리더에 대해 다음과 같이 정의하였다.

리더란 길을 알고 앞에 설 수 있으며 다른 사람들로 하여금 따라오도록 할 수 있는 사람이다. 리더란 무슨 일을 먼저 행하는 사람, 먼저 이루는 자를 뜻한다. 그는 그룹의 앞에서 걸어가는 사람으로, 그룹에 영향을 끼치는 사람이다.[44]

오드웨이 테드(Ordway Tead)는 명령형의 리더를 생각하게 하면서 리더에 대해 다음과 같이 정의하였다.[45]

리더란 한 그룹에 소속된 사람들로 하여금 그룹의 목표를 성취하기 위하여 행복하게, 그리고 만족스럽게 일하는 경험을 하도록 활동하게 만드는 방법을 아는 자다.

이반 스테이너(Ivan D. Steiner)는 동료들이나 구성원에 의해 그 통솔력이 수납되고 추종되는 입장에서 다음과 같이 리더를 정의하였다.

리더는 한 그룹의 사람들에게 선택된 자로서 그의 지휘와 행동으로 그룹 전체의 행동과 활동에 강력한 영향력을 행사하는 자다.[46]

리더십의 개념에 대한 정의는 연구자들의 관점과 분석 방법에 따라 여러 가지로 상이하다. 즉 연구자들은 항상 리더십을 그들의 개인적 견해에 따라 그들이 관심을 두고 있는 현상의 측면에서 정의한다. 영어에서 리더십이란 용어가 사용되기 시작한 것은 비교적 최근의 일이다. 리더라는 용어가 본격적으로 사용되기 시작한 것은 200여 년 전이다. 리더십에 관한 대부분의 개념들에는 하나 또는 그 이상의 집단 구성원들이 '부하들' 또는 '추종자들'이라고 불리는 다른 구성원들로부터 어떤 관찰 가능한 차이에 의해 여러 차례 리더로 확인될 수 있다는 사실이 함축되어 있다. 그리고 리더십 정의들은 항상 둘 또는 그 이상의 사람들 사이의 상호작용이 포함되는 하나의 집단현상이라는 가정을 공통분모로 삼는다.

리더십은 인류의 보편적인 관심사였으며, 민감하게 반

응하면서 전개되어 왔다. 수십 년간 진행되어 온 리더십의 개념에 대한 정의를 분석해 보면 초기의 정의들은 집단 진행과 움직임, 행동에 있어 성격에 초점을 둔 리더십을 다루었고, 그 다음에는 복종을 유발하는 기술을 다루었으며, 최근에는 영향력 관계, 권력의 분화, 설득, 목표 달성에 대한 영향력, 역할 구분, 강화, 조직 주도화, 행동의 지각과 귀인 등의 관점에서 리더십을 다루고 있다.

리더와 리더십이 지니는 뜻을 좀 더 분명하게 정의해 보자. 리더십이 우두머리나 장(長) 혹은 왕(王)이라는 말들과 어떻게 다른지 구별할 필요가 있다. 스토그딜(R.M. Stogdill)의 구분에 의하면, 우두머리나 왕이라는 말은 지배자와 피지배자를 엄격히 구별하는 말이라고 한다.[47] 권력이나 신분은 말할 것도 없고, 인간 그 자체에 있어서도 완전히 다른 사람들이라는 의미가 이 말들 속에 내포되어 있다. 즉 우두머리나 장 혹은 왕은 타고난 자질에 있어서 일반 사람들과 다르고, 사물에 대한 이성적 판단력이나 문제에 대한 해결 능력 역시 일반 사람들과는 다르다는 전제와 편견이 강하게 들어 있다.

이에 반해 리더와 리더십이란, 사람과 사람 간에 있기 마련인 영향력이라는 측면에서 파악하는 것이 일반적 경향이다. 사람과 사람 간의 영향력의 흐름에서 중심적 역할을 담당하는 사람, 즉 한 집단이나 조직의 중심이 되는 사람을 '리더'라 할 수 있다. 그리고 리더십이란, 리더가 자기 집단성원의 욕구나 바람을 실현시킬 수 있도록 성원들의 관심과 에너지를 한 곳에 집중시키는 능력이나 자질을 가리키는 것이 된다.

요약하면, 전통적인 왕, 지배자, 장 등의 개념은 지배와 피지배를 구분하고 양자 간의 신분적?근원적 불평등을 전제로 하는 데 반해, 지도자(리더)라는 개념은 지도하는 자와 받는 자 간의 신분적 평등성을 전제로 하며, 단지 능력이나 영향력의 차이에 따른 역할의 차이에 기초한 개념이라 할 수 있다.

이제 리더십에 대한 일반적인 정의를 내려 보고자 한다. 테드 엉스트롬(Ted W. Engstrom)은 일을 만들어 가는 능력으로 리더십을 정의하였다.

리더십이란 그 정의를 내리기가 매우 어렵지만 모든 지도자들에게 한 가지 공통된 특징이 있는데 그것은 그들에게는 일을 만들어가는 능력이 있다는 것이다. 그것은 바로 그의 지도하에 있는 사람들에게 적절한 격려와 자극을 줌으로써 그들이 소유한 잠재력을 총동원하여 의미 있는 헌신을 하도록 동기를 부여하는 행동이다.[48]

로이드 페리(Lloyd Perry)는 영향력으로 리더십을 정의하였다.

리더십이란 영향력이다(Leadership is Influence). 즉 누구든지 남을 인도하려면 그가 남에게 영향을 미치는 범위 안에서만 인도할 수 있다. 리더십이란, 한 그룹이 그 기능을 발휘할 수 있도록 필요한 그 무엇을 행하는 것이다. 그것은 정보를 제공하고, 관점을 명백하게 하며, 토론된 주제를 요약하는 것을 포함한다. 그러므로 리더십은 사람이 아니라, 실로 하나의 기능이다.[49]

이상과 같이 리더십의 정의를 살펴볼 때, 리더십이란 일반적으로 개인이나 그룹에게 영향을 주어 필요를 충족시키고 그 목표를 성취케 하는 능력이요, 더불어 일하는 융화력이며 목표를 성취하려는 추진력, 곧 영향력이라고 할 수 있다.[50]

(2) 리더십의 성경적 개념 이해

성경적 리더십은 상호 협조적이고 상부상조의 성격을 지닌다. 세속적 의미에서 지도자란 어떤 집단의 우두머리로 표현되나 성경적 리더십은 두목으로서 어떤 권한을 행사하는 보스(Boss)와는 구별된다. 오히려 성경이 보여주는 리더십은 다른 사람을 위해 그들이 필요로 하는 짐을 희생적으로 지고 자신을 낮추는 '종의 신분'을 의미한다. 즉 성경적 리더십의 개념은 '종'으로 표현된다.

따라서 성경적 리더십이란 세력이나 권력으로 다른 사람 위에 올라가는 것이 아니라 종으로서 '낮아지는 것'을 의미하며, 타인 위에 군림하는 것이 아니라 '가운데 위치하는 자'며, 주관자가 아니라 종이며, 가져가는 자가 아니라 '주는 자'로 표현된다. 이 관계에서는 대인 상호적 의미가 포함되어 있으며 모든 사람을 동일한 수준에 둔다. 그러므로 서로를 같은 사람으로 인지하게 된다. 이것은 모든 종류의 자료를 통하기 쉽게 한다. 즉 아이디어와 기분, 생각, 태도 등을 공유할 수 있게 한다. 왜냐하면 교통의 통로가 쌍방으로 열려 있기 때문이다. 이와 같은 성경적 리더십 개념은 교회 리더십의 성격과 일치한다.

앞에서 서술했듯이 교회는 하나님의 백성으로서, 교회 안의 모든 신자는 평등의 원칙에서 사역자다. 그리고 교회는 그리스도의 몸으로서 몸 안의 각 신자는 예외 없이 몸의 성장에 관여해야 하는 사역자다. 따라서 교회 리더십의 성격은 세속적 리더십의 성격과 판이하게 구별되는 성경적 리더십에 기초하고 있다. 평신도 지도자의 리더십도 여기에 기초한다.

(3) 평신도 리더십의 범주

평신도 리더십의 범주는 성경적 바탕에서 이해된 교회의 본질에 의해 제시되어야 한다. 교회를 단순한 세상적인 기관으로 생각할 때에는 제한된 소수의 인원만을 지도자로 보게 된다. 그러나 교회는 하나님의 백성이며 그리스도의 몸으로서 교회에 속한 전 교인은 사역자로 부름을 받고 있으며 지도자로 초청 받고 있다. 따라서 교회의 리더십이란 비단 교회 안에서 임명받고 직위를 가진 제한된 사람에게만 부여되는 것이 아니다. 하나님 앞에서 그리스도인 모두가 왕 같은 제사장으로 부름을 받았기 때문에 누구든지 그리스도의 몸의 건강을 도모하고 자기 이웃을 섬기는 종으로서의 제사장 직무를 다하기 위해 지도자적 기능을 수행해야 한다.

신약성경은 사역자와 평신도, 목사와 평신도를 분류하는 이분법을 받아들이지 않고 모든 교인을 사역자로 말씀한다. 몸의 각 지체들이 서로 연결되어 있어서 각 부분이 기능을 발휘하는 가운데 다른 부분들에게 기여하는 것이 필수 불가결한 것처럼 몸으로서의 교회의 각 구성원은 서로 섬기는 일(Ministering Work)을 해야 하는 필수적인 의무를 진다.

여기서 평신도 지도자를 위한 바람직한 리더십 과업을 조명한다면 다음과 같다.

첫째, 지도자들은 경청한다. 평신도 지도자들의 결정과

행동은 구성원들을 참되게 이해하는 것에 기초를 둔다.

둘째, 지도자들은 동료 의식을 확립한다. 평신도 지도자들은 결코 그들의 목표와 목적을 이루기 위하여 사람들을 이용하지 않는다. 지도자들은 자신의 유익을 꾀하는 당짓기를 거절하고 단체정신과 그리스도께 대한 충성심을 고양시키는 일을 추구한다.

셋째, 지도자들은 활력소를 불어 넣는다. 평신도 지도자들은 사람들에게 교회의 과업과 그리스도를 위하여 생동적이며 열렬한 정신을 기르도록 격려한다. 그들은 자신의 낙관적 태도, 진실성, 열정 그리고 모범을 보임으로써 이러한 모든 일을 할 수 있다.

넷째, 지도자는 가치를 강조한다. 평신도 지도자들은 가치관, 이성, 철학, 본질적 진리, 목적, 분위기, 정서, 그리고 환경이라는 기본적인 것에 초점을 둔다. 그들은 개인, 단체, 과업이라는 세 영역에 걸쳐서 봉사의 일을 한다. 이 셋 중 어느 영역도 다른 것 때문에 희생되어서는 안 된다. 이 밖에도 영적 지도자가 해야 할 활동들이 많다. 이제 공동 활동을 함에 있어서 지도자는 머리이신 그리스도의

주권하에서 다른 사람들을 동역자로 삼아 교회를 섬기는
사역을 펴 나가야 할 것이다.

2) 평신도 리더십 개발의 방법

몸으로서의 교회에 속한 모든 평신도는 사역자로서 교
회의 지도자로 부름 받고 있으며 동시에 제자로서의 부름
을 받고 있다.

이들의 리더십을 개발하기 위한 적절한 방법에는 무엇
이 있을까? 리처드 로렌스가 제시한 '모범의 방법(A
Modeling Method)', '은사의(Gifts) 개발' 그리고 '공동체
(Community)의 개발' 등은 평신도 리더십 개발의 모델이
라고 할 수 있다.[51]

(1) 모범의 방법

① 목회자의 모범
교회 리더십 개발에 있어서 무엇보다도 효과적인 방법

은 목회자의 모범이다. 목회자는 사람의 마음을 움직일 수 있는 원천인 삶과 가르침을 통해 교인들의 리더십을 개발시킬 수 있다. 특히 사역자의 삶을 통한 모범은 교회 리더십 개발을 위한 가장 효과적인 방법이 된다.

a. 많은 사람 중 한 사람으로 모범을 보일 수 있다.

b. 하나님의 지시를 감지하고 모든 사람에게 모범을 설정하는 사람으로 본을 보일 수 있다.

c. 다른 많은 사람의 사역과 다르지 않고 본질적으로 다른 사람의 사역과 같은 사역을 하는 사람으로 모범을 보일 수 있다.

가장 성숙한 사역자라 할지라도 물론 완전한 모범을 보일 수는 없다. 그럼에도 불구하고 목회자의 지도 방법은 모범을 보이는 것이고 지도자는 그 모범을 통해 강력한 권위를 가지는 것이다. 리처드는 모범자의 영향력을 강화할 수 있는 인간관계의 요소를 다음과 같이 열거하고 있다.

a. 모범자(modele)와 자주 그리고 장시간에 걸쳐 접촉을 가져야 한다.

b. 모범자와 따뜻하고 사랑이 넘치는 관계를 가져야 한다.

c. 모범자의 내적 상태가 노출되어야 한다.

d. 모범자는 그의 여러 가지 생활배경과 상황 가운데서 관찰되어야 한다.

e. 모범자는 그의 행위와 가치관 등에 있어서 일관성과 명료성을 보여야 한다.

f. 경험의 공유를 수반하는 가르침을 통하여 시범자의 삶의 스타일을 개념적으로 설명해 주어야 한다.[52]

② 평신도 지도자 팀의 모범

몸으로서의 교회는 개인적 차원과 아울러 연합적 차원이 있다. 개인적 차원에서의 모범을 보이는 것은 목회자가 할 수 있으나 다양한 평신도들을 향한 연합적 차원에서의 모범은 될 수 없다. 따라서 리더십 개발에 있어서 평신도 지도자 팀의 모범 방법 역시 목회자 개인의 모범 방법 못지않게 중요하다. 복수 리더십의 존재 이유는 교회가 생명을 지닌 개체라는 점과 그 개체가 모인 집합체로 구성됐다는 데 근거한다. 따라서 한 무리 지도자들이 서로와의 관계에서 그리고 함께 일하는 방식에서 전체로서의 몸이 어떻게 관계를 맺으며 살아가는지의 모델이 되어야 한다.

교인들의 종으로서 기독교 생활의 모범이 되도록 소명받은 한 무리 지도자들이 생활의 모범이 될 수 있다. 평신도 지도자 팀의 모범 방법 역시 종된 지도자의 차원에서 행함으로써 모범을 설정하여 교인들 가운데서 그들이 알 수 있도록 권장하며 사역을 통해 다른 교인들로 남을 섬기도록 준비를 갖춰 준다. 평신도 지도자 팀의 첫째 임무는 몸이 그 기능을 다하게 하는 데 있다. 즉 몸이 무엇인가를 회중에게 본으로 보여주어야 한다. 둘째는 교인들이 따라야 할 모범을 보이기 위해서 평신도 리더십 팀이 교인들에게 노출되어야 한다. 셋째는 평신도 지도자 팀이 전체에서뿐만 아니라 사적으로도 참여할 필요가 있다. 즉 평신도 지도자 팀은 회중 가운데서 관계를 발전시켜야 한다. 이점에 대하여 리차드 로렌스의 주장을 경청하는 것이 유익하다

그러면, 한 무리 신자들이 하나의 몸으로서 기능하는 법을 어떻게 배우는가? 모든 학습이 몸 안에서 발생하는 것과 동일

한 방법으로 배운다. 제자가 되므로 배우는 것이다. 온몸이 발전시켜야 할 생활패턴의 모범을 보여주는 모델을 닮음으로 배우는 것이다.

그러면 누가 몸의 모델이 될 수 있는가?

목사가 될 수는 없다. 그는 개인이기 때문이다. 목사가 개인들을 위한 모범은 될 수 있다. 그러나 몸을 위한 모범은 될 수 없다.

한 무리 지도자들이 서로의 관계에서 그리고 함께 일하는 방식에서 온 몸이 어떻게 살며 관계되는가의 모델이 될 수 있다. 교인들의 종으로서 기독교생활의 모범이 되도록 소명 받은 한 무리 지도자들이 몸 생활의 모범이 될 수 있는 것이다! 개체교회 교인들 중 한 무리 지도자들은 몸의 생명발전을 위한 교육의 열쇠가 된다. 목사가 몸의 각 지체들로 하여금 사역자들로서의 자기들의 모습을 발견하도록 돕는 데 열쇠가 되는 것과 같은 이치다. 교회의 평신도 리더십 팀은 개체교회가 하나님의 유기체로서의 모습을 발견하도록 돕는 데 결정적 역할을 하는 것이다.53

교회 리더십 개발에 있어서 사역자와 평신도 지도자 팀

의 모범 방법은 동일하게 중요한 원리다.

(2) 은사의 개발

① 은사의 정의

영적 은사라는 명칭은 두 개의 헬라어 용어에서 유래하였다. 하나는 '성령으로 말미암은 것'을 가리키며 다른 하나는 '은혜로 값없이 주신 선물'을 가리킨다. 즉 은사는 '성령이 당신을 통해 다른 사람을 섬기는 수단'이다. 이 같은 은사의 개념은 은사가 성도 상호간의 섬김과 관계가 있음을 보여준다. 그러므로 여기서 은사에 관하여 몇 가지 주목해 보는 것은 중요하다.

첫째, 은사는 성령이 주신 것이다. 은사는 타고난 재능이나 능력에 의하지 않고 전적으로 성령이 개인에게 배치해 주시는 것에 달려 있다.

둘째, 은사들은 각 사람을 위한 것이다. 성경은 그리스도의 몸의 지체가 적어도 은사 하나씩 갖고 있음을 분명히 하고 있다(고전 12:7).

셋째, 각 사람의 섬김은 필수 불가결하다. 하나의 독립된 개체로서의 몸의 개념이 '은사' 구절들에 강조되어 있다(고전 12:22 ; 엡 4:16).

그러므로 영적 은사는 신앙생활에서 다른 사람의 발전에 기여하도록 성령이 주시고 강화시키는 능력으로 정의된다.

② 은사의 활용

몸 된 교회는 연합되고 친밀하며 따뜻한 관계로 맺어져 있고 성장을 강화하고 촉진시키기 위해 각 지체를 섬기는 일에 관여하고 있다. 교회와 신자의 성숙을 향한 성장은 신자가 몸을 세우기 위해 자기 은사를 사용할 때 각 신자의 기능을 통해서 온다. 즉 은사는 사람 대 사람의 직접적인 접촉관계에서 발휘된다. 따라서 은사를 행사(활용)하는 주된 바탕은 관계적이며 상호작용적이다. 은사 중 그 어느 것도 관계적인 바탕을 떠나서는 기능을 발휘하지 못한다. 그러므로 교회 지도자는 몸의 지체들을 도와 그들 안에 성령께서 임재하심을 깨닫게 하고 성령께서 인도하는 대로 따르게 하며 능동적으로 섬기는 일에 참여시킴으로 은사의 발견은 물론 은사의 활용 기회를 제공해야 한다. 나아가서 지속적인 은사 활용을 위한 분위기와 관계 형성을 위해 모든 노력을 기울여야 한다.

(3) 신앙공동체의 개발

하나님에 대한 공동 의식으로 뭉쳐진 모임을 '신앙공동체'(Community)라고 말할 수 있다. 이 신앙공동체는 하나님에 대한 신앙 속에서 명백한 동일성(identity)을 지니면서 서로 연결되고 의존되는 집단이다. 그리고 이 같은 신앙공동체 안에서 다른 사람들과 더불어 상호작용을 하면서 개인의 신앙과 삶의 방식을 발전시키게 하는 의도적이고 비의도적인 모든 과정이 종교의 사회화다.

웨스터호프는 전인적인 신앙은 이 같은 신앙공동체에서의 상호작용을 통한 종교 사회화에 의해 가장 잘 양육될 수 있다고 주장한다.[54] 교회를 살아있는 몸으로 생각할 때 교회는 생명을 지닌 개체와 개체들이 모인 연합체로 구성된다. 즉 교회는 몸에 속한 개체들이 모인 공동체로 존재한다. 몸의 개체가 성장과 건강이 필요하듯이 공동체를 이루고 있는 연합체로서의 몸인 교회도 건강과 성장을 이룩하기 위해서는 공동체의 개발이 필요하며 여기에는 교회 리더십, 즉 평신도의 리더십 개발이 대단히 중요하다.

① 지도자의 역할

각 지체가 제 구실을 다할 때 그리스도의 몸은 자라가며 사랑 안에서 스스로를 세워 나갈 수 있다. 몸 전체는 각 지체들의 공급을 받아 머리로부터 서로 연결되어 한데 뭉쳐지게 된다. 공동체, 즉 몸이 자라는 데 필수적인 조건은 '관계' 다. 살아있는 유기체는 그 지체들이 서로 친밀하고 조화 있는 관계에 있을 때만이 원활하게 제 기능을 발휘할 수 있다. 따라서 공동체의 개발에 있어서 중요한 것은 교회 지도자들의 역할이다.

교회 지도자는 몸에 속한 지체들을 돌봄으로써 건강한 몸을 형성하고 몸의 성장에 기여한다. 영적 지도자들은 다른 교인들에게 개인적인 사역을 할 뿐 아니라 몸의 지체들 상호간의 관계 및 몸의 지체들과 하나님과의 관계를 유지하는 사역을 아울러 담당한다.

② 신앙공동체 형성

웨스터호프는 기독교 교육과정에서 개인의 관심을 그룹으로 확대시켜야 한다고 강조하고 있다.[55] 인간은 고립해서는 존재할 수 없고 하나님과 이웃과의 관계 속에서 책임적으로 살아가도록 창조된 공동체적 존재기 때문이다. 인간은 고립된 동물이 아니라 항상 그룹으로 살아왔으며 개인의 인격은 공동체의 삶 속에서 완성되는 것이다. 따라서 한 개인을 교육시키고자 할 때에 그의 친척 및 그가 접촉하는 다른 사람들을 도외시하고는 진정한 교육이 될 수 없다. 전인적인 신앙의 양육은 신앙공동체 안에서의 상호작용, 즉 종교사회화 과정을 통해서 형성된다.

웨스터호프에 의하면 바람직한 신앙공동체는 다음의 네 가지 기본적인 특성을 지닌다.[56]

첫째, 의미 있는 공동체에 있어서는 사람들이 공동적인 기억 혹은 전승, 곧 삶에 관한 공통의 이해와 삶의 방식, 공통의 목적과 의지를 공유해야 한다. 공동체는 본질적 요소에 있어서의 일치, 곧 그 공동체가 지니는 이해, 가치, 방침에 있어서의 통일이 불가결하다. 다만 특정한 정치적·경제적 또는 사회적 활동과 계획에 참여한다거나 혹은 변혁을 위한 특정한 활동과 계획에 참여한다든가 하는 비본질적인 장면에 있어서만 기인되는 것이다. 신앙공동체는 명확한 자기 동질성을 가지고 있으면서 스스로 믿는 내용에 관해 일치해 있어야 한다.

둘째, 신앙공동체는 그 구성원들이 의미와 목적을 지닌 상호작용을 유지할 수 있을 정도로 소규모적이어야 한다. 교인수가 300명을 넘는 교회는 신앙의 유지, 전달, 전개를 하는 데 본질적인 상호작용을 훼손시킬 위험성이 크다. 신앙공동체가 현실성과 의미를 지니기 위해서는 친숙한 교제와 서로의 배려를 경험할 수 있어야 하고, 또한 신앙과 생활을 서로 나눌 수 있도록 강한 유대로 맺어진 공동체 속에서 상호작용 하는 일이 필요하다. 대규모적인 교회라면 그 대단위 속에 보다 작은 공동체들의 생활을 확보할 필요가 있다.

셋째, 참다운 공동체는 3대(Three generation)의 사람들이 함께 존재하고 그 사이에 상호작용이 일어나야 한다. 제1세대는 미래를 향한 환상과 꿈에 사는 세대라 할 수 있다. 그리고 제2세대는 현대에 사는 세대며, 제3세대는 과거의 기억에 사는 세대다. 제2세대가 기억의 세대 및 환상의 세대와 연합할 때 이 세대는 공동체를 현실 앞에 바르게 자리 잡게 하는 기능을 다한 것이다. 각 세대가 독자적인 공헌을 다 하고 또한 각 세대 내부에서의 상호작용이 없는 경우 기독교 공동체는 그 존속이 위태롭게 된다.

넷째, 진정한 공동체는 모든 사람의 역할을 통합하여야 한다. 신앙공동체는 예언자, 사도, 교사 등 다양한 은사를 지닌 사람들로 구성되며 이러한 은사들은 서로 협력되어야 한다. 따라서 신앙공동체가 인종적, 사회적, 경제적 지위, 국적, 민족적 기원에 의해 분할되거나 성별에 의해 특정한 역할이 고정화되거나 혹은 평등한 지위가 거부되는 일이 있다면 바람직한 신앙공동체는 존재하지 못할 것이다.

3) 평신도 지도자의 리더십 개발론

(1) 성장하는 교회 지도자들의 성품을 본받음

성공적인 지도자는 문제를 하나님께 가지고 가서 하나님의 위대함에 초점을 맞추고 기도하며 집중하였다.

> 하늘의 하나님 여호와 크고 두려우신 하나님이여 주를 사랑하고 주의 계명을 지키는 자에게 언약을 지키시며 긍휼을 베푸시는 주여 간구하나이다 이제 종이 주의 종들인 이스라엘 자손을 위하여 주야로 기도하오며 우리 이스라엘 자손이 주께 범죄한 죄들을 자복하오니 주는 귀를 기울이시며 눈을 여시사 종의 기도를 들으시옵소서 나와 내 아버지의 집이 범죄하여(느 1:5~6).

느헤미야는 문제로부터 눈을 떼고 그 문제를 해결사인 하나님께 맡겼다. 하나님께 초점을 맞추고 이에 집중할 때 일어나는 현상을 보면 매우 신기하고 흥미롭다. 우리의 문제들은 작아지고 우리 문제의 실체를 틀림없는 사실로 보게 되는 것이다. 여기서 평신도 지도자들은 성장하는 교회 지도자들의 성품을 참고할 필요가 있다.

교회 성장을 전문적으로 연구하는 사람들은 성장하는 교회의 지도자들에게서 다음의 성품을 발견하였다.

① 일편단심의 순종

성장하는 교회의 지도자들은 예수 그리스도의 주권을 강하게 인식하고 있다. 저들은 주님의 열두 제자들과 같이 '제자로서의 값'을 지불하고 있는 사람들이다(막 10:28). 저들은 하나님의 위대한 분부를 이루어 드리고 또 그 분부에 순종하기 위해서는 어떠한 대가도 개의치 않고 기쁜 마음으로 일한다(마 28:19~20). 저들은 신실한 청지기가 되는 데 있어서는 그 청지기의 노력 여하에 따라 최종적인 평가가 이루어진다는 것을 알고 있다. 저들은 마지막 날에 "잘하였도다 착하고 충성된 종아"라는 말씀 듣기를 간절히 소원하고 있는 것이다(마 25:21).

② 확고부동한 목적을 세움

성장하는 교회의 지도자들은 확실한 목적을 가지고 행동하고 있다. 즉 그들은 "하나님의 뜻이 세계를 복음화시키는 데 있다"고 확신한다. 또한 저들은 하나님께서 저들을 통하여 성취하기를 원하시는 일에 자신들이 하나의 도구로 사용돼야 한다는 확신을 가지고 행동하고 있다. 그러므로 저들은 기쁜 마음으로 측정할 수 있는 목표를 정해 놓고 그 목표에 비추어 자신들의 성공과 실패를 가늠하는 것이다

이와 같은 행동이 어떤 사람들에게는 무모하게 보일지도 모르나 저들은 그것을 개의치 않는다. 저들은 결심자의 수를 헤아린다든지 또는 '예수님을 영접하는 기도'를 드리는 사람들의 수를 헤아리는 데서 전도의 성과를 평가하는 것은 이미 오래전에 포기하였다. 저들은 다만 진정한 '제자들'에 관심을 기울이고 있다. 근본적으로 예수 그리스도께 헌신하고 교회 안에서 책임감 있는 교인으로 인정받는 그런 제자들이 되느냐가 못 되느냐가 중요한 것이다.

③ 통찰력 있는 연구조사를 실시

성장하는 교회의 지도자들은 잠언 18장 13절에 나타나 있는 "사연을 듣기 전에 대답하는 자는 미련하여 욕을 당하느니라"라는 말씀에 내포되어 있는 참 뜻을 잘 파악하고 있는 사람들이다. 그리스도인들의 많은 행동이 어리석기 그지없는 이유는 현실을 똑바로 알지 못하고 행동하는 데 있다.

아직도 교회 성장에 관한 연구 조사의 방법론에는 발전의 여지를 많이 남겨두고 있기는 하나 이 분야의 실질적인 진전은 이미 많이 나타나고 있다. 교회 성장에 관한 합리적인 계획에 대하여 새로운 지식은 점점 더 늘어나고 있으며, 이에 대한 연구조사 활동도 점점 더 활발해져 가고 있다.

④ 냉정한 평가를 실시

성장하는 교회의 지도자들은 지나치게 실용주의적이라고 하는 비판을 종종 받아왔다. 저들이 실용주의적이라는 것은 사실이나 저들은 자신의 이 실용주의가 온전히 하나님을 위한 실용주의라고 생각한다.

예를 들어서 만약 현재 실시하고 있는 여러 전도방법이 설정한 목표를 달성하는 데 유효하지 못하였다면 그와 같은 전도방법은 곧 시정되든지 아니면 폐기되어야 한다. 전도 전략은 하나님이 원하시는 성과를 거둘 수 있는 전략으로 언제나 대체되어야만 한다. 교회의 성장은 능동적인 사람들의 철학이다. 수동적인 사람들은 전도의 결과는 하나님께 맡긴다고 하는 태도를 취하고 침체되어가는 교회야말로 가장 불성실한 교회라고 생각한다.

⑤ 신앙적 낙관주의 자세를 가짐

성장하는 교회의 지도자들은 자기들을 가리켜 마치 개선장군과 같은 천박한 낙관주의자들이라고 비난하는 그런 소리에 조금도 굴하지 않는다. 성장하는 교회의 지도자들은 그리스도께서 마태복음 16장 18절에서 말씀하신 대로 그의 교회를 세우고 계신다는 사실을 확신한다. 그리고 음부의 세력이 성장하는 그리스도의 교회를 이길 수 없다는 확신을 가지고 있다.

저들은 교회를 온 세계에 세우는 일에 참여하고 있다는

사실을 기뻐하며 또 교회가 이렇게 성장하고 늘어나는 것을 보고 즐거워한다. 저들은 많은 사람이 회개하고 돌아오기를 기도하며, 하나님께서 많은 무리가 그리스도에게 나오는 역사를 일으키시기를 바라고 있다. 신약성경에 나타난 전도의 본보기는 젊은 부자 관원이 아니라 오순절 날 3,000명이 그리스도에게 돌아오던 그들의 모습에 있었던 것이다. 그리고 중요한 것은 "그들이 사도의 가르침을 받아 서로 교제하고 떡을 떼며 오로지 기도하기를 힘쓰니라"(행 2:42)고 한 사실에 있었다.

성장하는 교회의 지도자들은 이와 같은 놀라운 전도의 본보기가 하나님을 기쁘시게 해 드리는 전도라고 믿는다. 왜냐하면 이와 같은 놀라운 전도의 역사는 믿음에서 나온 결과이기 때문이다. 평신도 지도자들은 성장하는 교회 지도자들의 성품을 여러모로 살펴보고 좋은 점은 배워야 할 것이다.

(2) 기도하는 지도자가 됨

한 지도자가 백열등과 같은 찬란한 불빛을 얼마나 발휘

할 수 있으며 사람들의 마음을 얼마나 그에게 끌어올 수 있느냐 하는 것은 그의 인간성에 달려 있다. 느헤미야는 우리가 고통스럽거나 무기력하게 느낄 때, 혹은 무거운 짐을 지고 있을 때 하나님께 다가가라고 가르치고 있다.

느헤미야는 마음 깊숙한 곳에 있는 우리의 절실한 요구에 대하여, 특히 위기에 처하거나 어려운 순간에 이것을 하나님께 이야기하는 효력에 대하여 그의 일생을 본보기로 하여 설명해 준다.

내가 이 말을 듣고 앉아서 울고 수일 동안 슬퍼하며 하늘의 하나님 앞에 금식하며 기도하여 이르되 하늘의 하나님 여호와 크고 두려우신 하나님이여 주를 사랑하고 주의 계명을 지키는 자에게 언약을 지키시며 긍휼을 베푸시는 주여 간구하나이다 이제 종이 주의 종들인 이스라엘 자손을 위하여 주야로 기도하오며 우리 이스라엘 자손이 주께 범죄한 죄들을 자복하오니 주는 귀를 기울이시며 눈을 여시사 종의 기도를 들으시옵소서 나와 내 아버지의 집이 범죄하여 주를 향하여 크게 악을 행하여 주께서 주의 종 모세에게 명령하신 계명과 율례와 규례를 지키지 아니하였나이다 옛적에 주께서 주의 종 모세에게 명령하여 이르시되 만일 너희가 범죄하면 내가 너희를 여러 나라 가운데에 흩을 것이요 만일 내게로 돌아와 내 계명을 지켜 행하면 너희 쫓긴 자가 하늘 끝에 있을지라도 내가 거기서부터 그들을 모아 내 이름을 두려고 택한 곳에 돌아오게 하리라 하신 말씀을 이제 청하건대 기억하옵소서 이들은 주께서 일찍이 큰 권능과 강한 손으로 구속하신 주의 종들이요 주의 백성이니이다 주여 구하오니 귀를 기울이사 종의 기도와 주의 이름을 경외하기를 기뻐하는 종들의 기도를 들으시고 오늘 종이 형통하여 이 사람 앞에서 은혜를 입게 하옵소서 하였나니 그 때에 내가 왕의 술 관원이 되었느니라(느 1:4~11).

기도에 대한 다음의 희망적인 가르침을 보라.

예수께서 그들에게 항상 기도하고 낙심하지 말아야 할 것을 비유로 말씀하여 …… 주께서 또 이르시되 불의한 재판장이 말한 것을 들으라 하물며 하나님께서 그 밤낮 부르짖는 택하신 자들의 원한을 풀어 주지 아니하시겠느냐 그들에게 오래 참으시겠느냐 내가 너희에게 이르노니 속히 그 원한을 풀어 주시리라 그러나 인자가 올 때에 세상에서 믿음을 보겠느냐 하시니라(눅 18:1, 6~8).

너희 염려를 다 주께 맡기라 이는 그가 너희를 돌보심이라(벧전 5:7).

너희는 먼저 그의 나라와 그의 의를 구하라 그리하면 이 모든 것을 너희에게 더하시리라(마 6:33).

그러므로 내가 너희에게 말하노니 무엇이든지 기도하고 구하는 것은 받은 줄로 믿으라 그리하면 너희에게 그대로 되리라(막 11:24).

기도의 효과를 다음의 네 가지로 정리할 수 있다. 첫째, 기도는 우리가 조급히 행동하는 것을 막아준다. 둘째, 기도는 우리의 통찰력을 맑게 해 준다. 셋째, 기도는 우리의 근심 걱정을 없애 준다. 넷째, 기도는 우리로 하여금 참여하게 한다. 이러한 이유들로 인하여 지도자는 기도하는 일이 필수적이다.

앞에 나온 성경에서 느헤미야가 적용한 기도의 4원칙은 다음과 같이 정리할 수 있다. 첫째, 하나님의 위대함에 초점을 맞추고 집중한다. 둘째, 우리의 죄를 자백한다. 셋째, 하나님의 약속 가운데서 기뻐한다. 넷째, 하나님의 도움을 구한다.

이상과 같은 성경적인 기도의 모델을 통하여 보건대, 지도자는 기도하는 사람이 되어야 자기 사명을 다할 수 있다.

4) 평신도 리더십 개발을 위한 원리와 방안

(1) 평신도 지도자 개발을 위한 제안

21세기 교회의 희망은 평신도다. 다시 말하면 평신도가 일어나 빛을 발하는 성숙한 신앙인, 제자화에 달려 있다. 이제 한국 교회, 특별히 감리회의 온 교회가 여기에 희망을 걸어야 한다.

마르틴 루터는 종교개혁을 통해서 성경을 모든 그리스도인들에게 돌려주게 하였다. 그러나 준비되지 못한 16세기 개신교는 '만인제사장' 이란 선물을 감당치 못했다. H.

크레머가 말한 바와 같이 첫째는 낡은 전통적인 교회에서는 '세례'를 받은 그리스도인이 참된 '신앙'을 가진 그리스도인과 결코 동일할 수 없었다. 둘째는 종교개혁자들이 '순수한 선교'의 기능을 강조한 나머지, 이러한 기능을 가진 특수 단체를 요구하고, 평신도의 소극적 태도를 기르는 결과를 초래하여 평신도로 하여금 주체자가 되게 하지 못하였다. 셋째는 1526년 시대적 한계 때문에 그의 이상을 실현하려는 충분한 동지의 수를 발견 못했다.57 넷째는 평신도와 교역자가 다같이 '분명한 위치'에 관한 새로운 비전을 제시하지 못하였다.58

이제는 모든 교역자와 평신도가 회개와 함께 개혁을 일으켜야 한다. 교회의 주체자인 평신도가 깨어 일어나 16세기에 이루지 못한 종교개혁을 마무리해야 한다. '만인제사장'의 선물을 감당해야 한다.

이 일을 위해 평신도 훈련, 제자 훈련을 통해서 21세기 세상을 향한 희망의 횃불을 들어야한다. 제자화 사역을 위한 세 가지 영성 훈련을 제안한다.

① 신앙 강화 훈련

a. 참된 그리스도의 제자가 되는 길을 가라.

신학적 반성이 일어나야 한다. 전도, 봉사가 문제가 아니라 먼저 내 인생의 주인이 내가 아니라 예수라는 각성에서 거룩한 새 출발을 하자.

> 너희 몸은 너희가 하나님께로부터 받은 바 너희 가운데 계신 성령의 전인 줄을 알지 못하느냐 너희는 너희 자신의 것이 아니라 값으로 산 것이 되었으니 그런즉 너희 몸으로 하나님께 영광을 돌리라(고전 6:19~20).

b. 하나님을 아는 것과 만나는 것에 착념하라.

하나님은 창조자요, 섭리자요, 구원자다. 하나님의 뜻을 위해 내 모든 것을 바칠 때 주를 만날 수 있다. 그때 평화가 오고, 자유를 느끼고, 해방의 기쁨과 남을 위해 자는 자가 된다.

c. 예수님을 아는 것과 만나는 것에 착념하라.

예수 그리스도는 나의 주님이시요, 나의 구원자요, 살아

계신 하나님의 아들이시다. 당신은 부활의 주님을 믿는가?

예수님과의 성숙한 만남은 나를 부인하고 십자가를 지는 것이다. 영적으로는 예수를 닮고자 따르는 중에 주를 만날 수 있고, 일상생활에서는 가난한 자를 돕는 중에, 불행한 이웃을 돕는 중에, 천대받는 자를 돕는 중에, 또 병자를 돌보는 중에 주를 만날 수 있다.

d. 성령을 아는 것과 만나는 것에 착념하라.

성령은 위로자요, 힘과 능력을 베푸시는 자다. 확신을 가지고 성령님을 만나라. 그러기 위해서 뜨겁게 기도하고, 모이기를 사모하며, 말씀을 사모하고, 성만찬에 진지하게 참여해야 한다. 또한 전도에 앞장서서 증인의 삶을 살아야 한다.

② 영적 성숙 훈련

a. 그리스도를 본받아라.

날마다, 순간마다 '예수님이라면!' 을 묵상하라. 예수를 닮고 따르기 위해 힘써야 한다.

b. 마음을 비우라.

육신의 정욕, 이생의 자랑, 안목의 정욕에서 돌이키라.
깊은 밤 묵상을 통해 마음을 비우면 주께서 역사하신다.

c. 협력자가 되라.

일치와 화해, 협동에 힘쓰라. 마음에서 기도가 막히지
않게 하라.

d. 한 발 앞서가라.

사랑으로 아가페 영성에 서고, 순교(희생)로 십자가 영
성에 서고, 영원한 승리와 기쁨으로 부활의 영성에 서라.

e. 삶의 목적을 세우라.

삶은 삶의 목적이 있을 때 빛난다. 러시아 음악가 차이
코프스키는 "인생은 짧기도 하다. 아직도 해야 할 일, 생각
해야 할 일 그리고 방문해야 할 일이 너무나도 많은데, 우리
가 머뭇거리고 있는 동안 죽음은 벌써 우리 곁에 와 있다"[59]
고 하며, "방문시간 : 월, 화, 오후 3~5시, 다른 시간은 방문
사절"이란 푯말을 방문 앞에 붙였다 한다. 이와 같은 푯말을
사용하는 것에 대해 그는 "저는 작곡가입니다. 따라서 한가
한 대화가 아닌 작곡이 제가 이 세상에서 기억할 수 있는 제
일 좋은 방법입니다"라고 설명했단다. 그는 자기의 목적을

알고 그 목적에 가장 충실한 삶을 살려 했다.

당신의 삶의 목적은 무엇인가?

f. 긍정적으로 생각하라.

"너희가 기도할 때에 무엇이든지 믿고 구하는 것은 다 받으리라 하시니라"(마 21:22). 인생은 마음가짐에 달려 있다(잠 4:23). 긍정적인 생각은 영성 훈련에서 기초가 된다. 조엘 오스틴은 「내 인생을 바꾼 긍정의 힘」에서 이렇게 말한다.

> 하나님은 우리를 값으로 따질 수 없는 존재로 생각하시며, 우리에게 건강하고 긍정적인 자아상을 가지라고 말씀하신다. 자신감을 품으라고 말씀하신다. 하나님은 우리가 불완전하다는 것을 아신다. 누구나 흠과 약점이 있으며 누구나 실수를 저지른다. 하지만 좋은 소식이 있다. 어떤 경우든 하나님은 우리를 사랑하신다는 사실이다. 하나님은 그분의 형상을 따라 우리를 지으셨다. 그리고 여기서 그치지 않고 날마다 우리를 세우시고 우리를 하나님의 인격에 가까운 사람으로 만들어 나가신다.[60]

③ 인격 함양 훈련

a. 자아 발견

필립 셀드레이크(Philip Sheldrake)는 그의 논문 "포스트모던 시대의 위기"(The Crisis of Postmodernity)에서 "현대인의 영적 물음은 나는 누구인가와 같이 보다 주관적인 것이 특징이다"[61]라고 하였다. 헨리 나우웬은 우리 자신의 진정한 자아를 인식하고 이해하는 것이 매우 중요하다고 생각했다. 이것이 어떻게 가능한가? 나우웬은 우리가 하나님께서 사랑으로 감싸 주시는 신성한 존재라는 것을 이해할 때, 진실로 우리가 어떠한 존재임을 알게 된다고 하였다.[62]

우리는 성경 거울, 묵상 기도, 경건 서적, 훌륭한 상담자를 통해서 자아를 발견할 수 있다.

b. 자제력 함양

첫째, 인격을 표현해라. 빅토르 위고(Victor Hugo, 1802~85)는 "주름살과 더불어 품위를 갖추면 경애를 받는다. 행복한 노년에는 말할 수 없는 빛이 있다"[63]라고 하였다. 안병욱은 "행복한 노년은 인생의 위대한 예술품이다.

눈에는 자비가 빛나고 입술에는 미소가 서리고 얼굴에는 지혜가 풍기고 인격에는 향기가 넘치는 노인을 보라. 그것은 인간이 도달할 수 있는 최고의 경지다. 남에게 해줄 수 있는 모든 유익한 것으로 하라"[64]라고 하였다. 향기 넘치는 인격을 표현하려면 오랜 세월을 통해서 자신을 연단해야 한다.

둘째, 다음 세대를 키우라. 셔우드 앤더슨은 4명의 문하생을 노벨 문학수상자로 길렀다. 유명한 노벨문학상을 받은 헤밍웨이는 1919년 시카고의 작은 아파트에서 셔우드 앤더슨에게 2년간 형편없는 글 솜씨를 하나하나 교정 받은 바 있다. 진정한 인생의 유산은 다음 세대를 키우는 것이다.

셋째, 격려하라. 우리는 일하는 사람에게 격려가 필요하다는 것을 인식해야 한다. 하나님은 선지자 엘리사같이 위대한 영적 지도자에게도 수넴 여인과 같은 주도면밀한 이의 격려를 받게 하셨다.[65] 왜냐하면 영적 지도자들은 업무가 과중할 때 피곤해진다. 또 오해와 비난을 받을 때 피곤해진다. 그리고 사역을 방해하는 방해꾼들을 만날 때 피곤해진다. 영적 전쟁이 너무 치열할 때도 피곤해진다. 주님도 십자가를 지기 전에 엄청난 영적 전쟁을 치르셨다. 그때 주님은 우리가 상상할 수 없는 고백을 하셨다. "말씀하시되 내 마음이 심히 고민하여 죽게 되었으니 너희는 여기 머물러 깨어 있으라 하시고"(막 14:34). 그러면서도 우리를 위해 중보기도 해주신 예수다. 그러므로 예수께 받은 것을 아낌없이 돌려주어야 한다.

이제는 평신도의 리더십에 집중할 때다. 평신도가 아무리 자기 정체성과 자기 역할을 발견하였어도 리더십을 발휘하지 못하면 모든 것은 제자리다. 침체 국면도 제자리다. 교회의 미래는 이제 평신도의 리더십 함양에 달려 있다. 어떻게 리더십을 개발할 것인가?

(2) 예수 그리스도의 리더십 원리의 적용

예수님은 정치적인 의미에서 혁명가가 아니었음에도 불구하고 그분의 많은 가르침은 사람들을 깜짝 놀라게 하였으며, 혁명적이었고 지도자의 자격에 관하여 그분보다 뛰어난 사람이 아무도 없었다. "너희 중에 누구든지 크고자 하는 자는 너희를 섬기는 자가 되고 너희 중에 누구든지 으

뜸이 되고자 하는 자는 모든 사람의 종이 되어야 하리라"
(막 10:43~44). 그 당시에 종이라는 단어는 매우 천한 의미
를 내포했으나 예수께서는 그 말을 그렇게 사용하지 않았
다. 예수께서는 그 단어의 가치를 높이셨으며 그 말을 위대
하게 여기셨는데 그것은 확실히 혁명적인 생각이었다.

"사랑으로 서로 종노릇하라"(갈 5:13). 우리의 사랑을
담고 있는 이와 같은 섬김은 이런 사랑을 필요로 하는 세
계 각처로 퍼져나가야만 되겠다. 그러나 오늘날 교회의 생
활 가운데서 많은 사람들 중 섬기는 자들은 극히 소수에
불과하다.

① 영적 리더십은 주님의 주권에 달려 있었다.

"내 좌우편에 앉는 것은 내가 줄 것이 아니라 누구를 위
하여 준비되었든지 그들이 얻을 것이니라"(막 10:40). 이제
여기 알아야 할 것이 있다. 어떤 신학적인 훈련이나 지도
자 훈련을 받았다고 해서 자동으로 영적 지도자 자격을 수
여받을 수 없으며, 또 효과적인 사역을 위한 자격을 갖출
수도 없다.

예수께서는 그들에게 이렇게 말씀하셨다. "너희가 나를 택한 것이 아니요 내가 너희를 택하여 세웠나니"(요 15:16). 그리스도인 사역자는 사람이나 그룹의 선거에 의해서 교회의 지도자가 세워지는 것이 아니라 하나님의 절대 주권의 임명에 의해 세워진다는 사실을 인지해야 한다. 그런 사역자에게 주님은 진정한 의미에서 당당한 지도자적 확신을 갖고 사명을 수행하게 하신다.

② 영적 지도자의 자격에는 고난이 포함되어 있다.

주님은 특별한 자리에 대한 다툼을 그의 앞에서까지 보이는 제자들에게 "내가 마시는 잔을 너희가 마실 수 있으며 내가 받는 세례를 너희가 받을 수 있느냐"(막 10:38)라고 물으신다. 예수께서는 의로우시며 진실하시기 때문에 하나님의 나라 사역에 있어서 누구든지 그만한 대가를 치러야 한다는 것을 숨기시지 않으셨다. 지도자 자격의 제일 우선인 종의 도를 말씀하실 때 예수께서는 단지 섬기는 행동만을 마음에 두시지 아니하셨는데 그 이유는 매우 미심쩍은 불확실한 동기에도 이런 행동은 실시될 수 있기 때문이다.

예수께서는 고난의 끝인 죽음까지 사양치 않으심으로 영광스럽게 그의 사역을 성공하셨다. 따라서 그분의 삶의 원리들은 우리의 삶의 방식이 되어야만 한다. 그러한 원리에는 신뢰(dependence), 공감(empathy), 인정(approval), 겸손(modesty), 낙관주의(optimism), 기름부음을 받음(anointing) 등의 덕목이다.66

이제 다음에서 리더십 개발 방안을 생각해 보자.

(3) 평신도 리더십 개발의 방안

이와 같이 집사들도 정중하고 일구이언을 하지 아니하고 술에 인박히지 아니하고 더러운 이를 탐하지 아니하고 깨끗한 양심에 믿음의 비밀을 가진 자라야 할지니 이에 이 사람들을 먼저 시험하여 보고 그 후에 책망할 것이 없으면 집사의 직분을 맡게 할 것이요 여자들도 이와 같이 정숙하고 모함하지 아니하며 절제하며 모든 일에 충성된 자라야 할지니라 집사들은 한 아내의 남편이 되어 자녀와 자기 집을 잘 다스리는 자일지니 집사의 직분을 잘한 자들은 아름다운 지위와 그리스도 예수 안에 있는 믿음에 큰 담력을 얻느니라(딤전 3:8~13).

> 우리가 그를 전파하여 각 사람을 권하고 모든 지혜로 각 사람
> 을 가르침은 각 사람을 그리스도 안에서 완전한 자로 세우려
> 함이니 이를 위하여 나도 내 속에서 능력으로 역사하시는 이
> 의 역사를 따라 힘을 다하여 수고하노라(골 1:28~29).

예수께서는 앞으로의 사역을 위해서 제자들을 준비시
키실 때 훌륭한 훈련방법을 사용하셨다. 교훈만이 아니라
친히 그들에게 본을 보여주심으로 가르치셨으며 그의 가르
침은 형식에 치우치기보다는 오히려 상황적이었다(요
13:12~15). 제자들은 매일 매일의 삶 가운데서 경험을 통해
영적인 원리와 가치를 깨우치는 기회를 가졌다. 영적인 지
도자가 되기 위해서는 훈련(discipline), 비전(vision), 결정
(decision), 용기(courage), 겸손(humility), 순전함과 성실
함(purity and faithfulness) 등의 자질을 개발해야 한다.67
또한 지도자로서 갖추어야 될 자질에는 유머(humor),
분노(anger), 인내(patience), 우정(friendship), 재치와 수

완(tract and diplomacy), 감화력(inspirational), 행정적인 능력(executive ability), 들어주는 요법(the therapy of listening), 편지 쓰는 기술 (the art of letter writing) 등을 개발해야 한다.[68]

(4) 평신도 리더십 개발의 실제

① 교육방법

예수님의 교육상황을 복음서에서 살펴보면 모두 275번인데 그중 대중 상대가 71회, 적은 무리 혹은 열두 제자 상대가 124회, 두 명 상대가 17회, 개인 상대가 63회이다.

예수님은 대중을 향하여 강의식 교육을 행하셨고, 소그룹을 상대로 교육하셨으며, 두 사람을 상대로 교육하셨고, 1:1로 교육하셨다.

a. 강의식 교육방법

예수님은 회당과 성전에서 혹은 산과 들에서 혹은 노상이나 집 등 삶의 모든 현장을 교육의 장으로 활용하셨다. 물론 예수님의 제자교육에 있어서 적은 무리 혹은 열두 제자 교육과 일대일의 영친교육이 더 큰 비중을 차지하지만 대중을 상대로 한 강의식 성경연구나 교육방법은 예수님께서 성전교육과 회당교육을 선용하신 것처럼 우리도 활용하여야 할 것이다.

b. 소그룹을 통한 교육방법

이 방법은 예수님의 열두 제자 훈련이 좋은 모델이 될 뿐 아니라 초대교회의 가정교회가 역시 소그룹을 통한 교육공동체로서의 역할을 했음을 사도행전에서 발견할 수 있다. 물론 초대교회 교인들은 성전에 자주 모이기도 했지만 실제적인 성도의 교제와 새 생명의 기쁨을 맛볼 수 있었던 곳은 가정에서 모이는 소그룹에서였다.

현대 사회의 특성상 소그룹을 통한 교육이 유효적절한 교육방법이 된다. 사람들은 어디서나 인간관계에 굶주리고 있다. 그들은 급하고 비대해가는 세상에서 안정감과 소속감을 주는 관계를 필요로 하고 있다. 소그룹은 수백수천의 군중 가운데서 얻기 힘든 사랑과 인정을 요구하는 인간의 깊은 갈망을 채울 수가 있다. 소그룹은 기도그룹, 성경연구반, 치유그룹, 행동그룹, 전도그룹, 양육그룹, 임무그룹 등으로 나뉠 수 있다.

c. 영친 교육방법

영친 교육이란 교육자와 피교육자 관계가 부모와 자녀의 관계처럼 일대일의 긴밀한 상호 만남을 통한 교육을 말한다. 예수님께서도 많이 사용하셨고, 바울도 디모데를 영적인 자녀로 양육하였다. 이 방법은 교인들의 양의 자녀의식을 목자 의식으로 바꾸는 것을 전제로 하여 교육자의 신앙의 성숙을 요구한다.

d. 일대일 교육방법

한국인의 체면 의식과 은폐 의식은 1:1의 만남을 부담스럽게 생각하는 경우가 많다. 여기에 대한 대안으로 1:2의 교육방법도 좋을 것이다. 이 방법 역시 예수님께서 친히 행하신 방법이며 한국적 문화상황에 맞는 교육방법이라고 생각된다. 1:2의 교육은 대학생 선교회 등에서 많이 활용되었고 검증된 방법이다.

e. 혼합식 교육방법

이상에 제시한 강의식, 영친식, 1:1, 1:2의 교육방법을 고정된 틀로 율법화시킬 필요는 없다. 각 교육방법의 특성과 장점을 살리되 약점이 보완될 수 있어야 하며 피교육자의 정도와 상황에 따라 혼합식으로 활용할 수 있다.

f. 소수집중 교육방법

이 방법은 예수님의 열두제자 훈련에서 소그룹 훈련 방법의 하나이다. 그러나 이 모델은 단순히 소수로 하였다는 데 있지 않고 그 소수를 집중적으로 가르쳐서 중요한 중심 인물이 되게 하셨다는 데 의미가 있다. 로버트 콜만은 예수의 전도 전략에 대하여 말하며 지도자 양성 방법을 예리하게 갈파하였다. "주님의 관심은 군중을 이끌 프로그램에 있지 않았고, 그 군중이 따를 사람에게 있었다"[69]라고 하였다. 예수께서는 대중을 소홀히 여기지 않으시면서도 집중적인 관심은 그 대중을 이끌어 갈 몇몇 소수의 선택한 사람들에게 있었다. 소수의 집중전략이 평신도 지도자 양성에서 매우 중요한 사실을 제공하는 것은 이것이다. 변화되지 못한 대중보다 변화된 소수의 제자가 끼친 영향력은 전세계를 변화시키는 핵이 되었다는 사실이다.

g. 공동생활 방법

예수는 하나님 나라의 공동체인 열두 제자를 세우실 때

"자기와 함께 있게"(막 3:14) 하시고자 하였다. 이 원리에 따라 그는 택하신 제자들과 더불어 지속적인 공동생활을 하시었다. 그의 공생애가 이년 째, 삼년 째로 접어들수록 더 많은 시간을 이들에게 집중적으로 바치셨고 십자가 죽음을 앞둔 몇 날은 모든 시간을 제자들과 함께 하셨다. 이것은 매우 단순한 원리이지만 바로 예수의 제자훈련 프로그램의 정수였다. 70 이같이 주님의 공동생활 방법을 본받아 평신도 지도자를 위한 리더십 훈련에 공동생활 시간을 배려하는 방안을 고려한다면 매우 효과적이다.

② 실제적 방법

리처드는 교육을 본질적으로 대인 상호간의 거래적인 개념으로 보고 있다. 그래서 그는 여러 가지 교육 전략을 살피는 데 있어서 관련된 사람들의 수와 거기서 발생하는 상호작용의 종류를 기초해서 네 가지의 세팅을 제시한다. 즉 개인 대 개인의 상호작용을 통해 교육이 일어날 수 있는 1:1 세팅이 있고, 10명 정도의 소그룹이 모여 그룹원 각자가 충분히 참여하면서 교육이 일어날 수 있는 10:10 세팅이 있고, 온 회중이 모두 모여 배우기도 하고, 가르치기도 하며, 공유하고, 기도하며, 격려하는 200:200의 세팅이 있고, 마지막으로 온 회중이 한 명과 관계를 가지고 그에 초점을 기울이는 1:200 세팅이 있다. 71

a. 1:1

평신도 리더십을 개발함에 있어서 1:1 전략은 두 사람 사이의 상호작용을 촉진시키며 친밀한 관계를 발전시킬 수 있는 방법이다. 이 전략은 개인이 대 그룹 속에서 잊혀지기 쉬운 약점을 극복케 하며 상호간에 인격적인 관계를 촉진시켜 준다.

1:1 관계에서 교회의 담임목사는 좋은 모범자가 될 수 있다. 사역자뿐 아니라 평신도 지도자도 역시 모범자가 될 수 있다. 1:1의 관계는 강화하고 양육하는 잠재력을 지닌다. 이 방법은 영적 성장을 촉진하고 유지하는 데 필요하다.

b. 10:10

이것은 소그룹 세팅으로 그룹원 각자가 충분히 참여할 수 있도록 소수가 개입된다. 소그룹은 개인적으로 다른 사람을 알고 그들에게 관심을 가지도록 촉진시키는 이점을 지닌다. 소그룹 방법은 상호사역과 본 닮기와 동일시 체험을 위한 강력한 방법이다.

c. 200:200

이 방법은 '집단생활'이라는 명칭으로 대중화된 전략이다. 여기서는 보다 많은 신자가 서로 공유하며 섬긴다. 이 방법은 알려진 몇몇 소수의 사람은 물론 큰 몸체와의 동일성을 추구하는 데 도움을 준다. 이 방법은 몸의 전략을 잘 아는 소수인들 너머로 확대시켜 준다. 연합생활 속에서 서로가 도움을 줄 수 있는 근거는 각 신자는 제사장이요 사역자로서 다른 사람을 세우기 위해 은사를 받았고, 사역을 위해 그 은사를 활용하도록 하나님으로부터 부름을 받았다는 데 있다.

d. 1:200

이 방법은 교회 예배 시간을 통해 정보와 개념을 전달하는 방법이다. 이 방법은 일방통행의 성격을 지닌다. 교회교육에 있어서 신앙과 신앙생활에 대한 지적 이해는 중요한 위치를 차지한다. 그러나 이 같은 차원을 다루는 일방통행의 방법은 시간 조절, 내용의 단순화, 표현의 세련

미 등 섬세한 준비를 거쳐 사용해야만 효과가 있다. 그러므로 이 방법을 사용할 때는 모든 상황을 기회로 삼고 가치있고 효율성 있는 것으로 극대화하여야 한다.

5. 나가는 말

선교 2세기를 맞은 한국 교회가 의도적이 아니라 할지라도 교세의 외향적인 팽창에 주력하다 보니 내적 충실함이 결여되었다. 특히 목회자의 성장에 비해 평신도 제자화 사역과, 나아가서 평신도 지도자들의 질적 성장에 소홀하였다. 교회의 다수가 평신도인 현실에서 평신도 지도자의 양성 실패, 또는 평신도 지도자의 리더십 부재는 한국 교회 성장의 한계에 치명적인 요인이 되었다.

이제 한국 교회, 특히 감리교회가 다시 부흥하는 길은 평신도가 살아나는 것이다. 그것은 평신도 지도자들이 교역자와 동반하여 함께 리더십을 발휘해야 한다는 전제가 요구된다. 목회자만을 지도자라고 바라보거나 목회자의 카리스마적인 리더십을 기대하고 있는 한 메마른 한국 교회에 단비가 쏟아지기는 어렵다.

이제 하나님의 백성으로서 교회는 교역자와 평신도가 서로 도우며 다같이 제사장의 역할을 수행하는 사역자가 되어야 한다.

그리스도의 몸으로서 교역자나 평신도, 곧 평신도 지도자는 교회 부흥을 위한 자기의 위치와 권위를 회복해야 한다. 교역자만이 제사장이고 평신도는 단순한 참여자로 따라만 가면 된다는 의식은 버려야 한다.

또한 교역자는 평신도 지도자를 그리스도의 복음 증거의 봉사에 있어서 자기들의 전문직을 통해서 세상에서 제자 사역을 수행할 수 있는 훌륭한 동반자로 양육하고 인정해야 한다. 그리고 기꺼이 파송해야 한다.

이런 조화의 사역이 21세기 한국 교회는 물론이고 한국 감리교회의 부흥을 새롭게 이루게 할 것이다. 이를 위해 평신도 리더십 개발 프로그램은 지속적으로 연구되고 발전되어야 한다. 평신도 리더십 개발에는 먼저 주님의 리더십을 본받는 영성 개발이 선행되어야 한다. 주권이 주님께 있으며 고난도 주님의 뒤를 따르리라는 예수의 영성을 닮아야 한다. 그런 후에 상황에 맞는 개발 훈련에 들어가야 한다. 내용 전달에 있어서 강의식, 영친식 소수집중, 일대일, 혼합식 등을 사용할 수 있다. 구체적으로 실행단계에서는 1:1, 10:10, 200:200, 1:200의 방법으로 훈련해서 예수의 분부를 실행하는 통전적 평신도 리더가 되게 해야 한다.

참고문헌

• 국내 단행본
1. 강병도. 「교회사대전」 3권, 서울: 기독지혜사, 1994.
2. 강준민. 「무대 뒤에 선 영웅들」, 서울: 두란노, 2005.
3. 명성훈. "예수님의 리더십", 「월간 목회」, 2000. 9.
4. 명성훈. 「성경 속의 리더십 마스터키」, 서울: 국민일보, 2000.
5. 안băng욱. 「빛과 지혜의 샘터」, 서울: 철학과현실사, 1992.
6. 오성춘. 「신학 영성 목회」, 서울: 장로회신학대학교출판부, 1997.
7. 옥한흠. 「평신도를 깨운다」, 서울: 두란노, 1998 개정판.
8. 원종국. 「성서적 제자 양성」 상, 인천: 나눔터, 1997.
9. 이기문 편. "평신도", 「기독교대백과사전」 15권, 서울: 기독교문사, 1965.
10. 이원설. 「기독교 세계관과 역사 발전」, 서울: 혜선, 1995.
11. 이원설 · 문영식. 「21세기를 향한 비전과 리더십」, 서울: 신망애출판사, 1999.
12. 가톨릭대학교 고전라틴어연구소 편찬. 「라틴-한글 사전」, 서울: 가톨릭대학교, 2008 2판 4쇄.

• 번역서
1. 마이클 풀러드. "차이코프스키", 「세계를 이끄는 사람들 47」, 서울: 교원, 2003.
2. Barclay, William. 「예수의 치유이적 해석」, 김득중 · 김영봉 공역, 서울: 컨콜디아사, 1991.
3. Blancherd, Ken., Hybels, Bill and Hodges. Leadership by the Book, 함택 역, 「이야기로 푸는 예수님의 리더십」, 서울: 두란노, 1999.
4. Carter, Charles W. ed. A Contemporary Wesleyan Theology, 박은규 외 5인 공역, 「현대 웨슬리 신학 II」, 서울: 대한기독교서회, 1999.
5. Coleman Robert E. , The Master Plan of Evangelism , 홍성철역, 「주님의 전도계획」, 서울: 생의 말씀사, 1980.
6. Cully, Iris V. 오성춘 · 이기문 · 류영모 공역, 「영성생활을 위한 교육」, 서울: 대한예수교장로회총회교육부, 1986.
7. Ford, Leighton. Transforming Leadership, 김기한 역, 「변화를 일으키는 리더십」, 서울: 생명의말씀사, 1994.

8. Haggai, John Edmund. Leadership that endures in a Changing World, 임하나 역, 「미래는 진정한 리더를 요구한다」, 서울: 하늘사다리, 1999.

9. Hian, Chua Wee. Leaving to Lead, 권영식 역, 「오늘을 위한 성경적 리더십」, 서울: 한국기독학생회출판부, 1995.

10. Jay, Eric G. The Church, 주재용 역, 「교회론의 역사」, 서울: 대한기독교출판사, 1986.

11. Jeremias, Joachim. Jerusalem zur Zeit Jesu, 한국신학연구소 번역실, 「예수 시대의 예루살렘」, 서울: 한국신학연구소, 1994.

12. Kouzes, James M. & Posner, Barry Z. The Leadership Challenge-How to get Extraordinary Things Done in Organization, Jossey-Bass Inc., Publishers, 1987, 권기성 · 최진석 옮김, 「비젼, 전략 그리고 리더십」, 서울: 한샘, 1994.

13. Kraemer, Hendrik. A Theology of The Laity, 유동식 역, 「평신도신학」, 서울: 대한기독교서회, 1984. 8판.

14. Küng, Hans. Die Kirche, 정지련 역, 「교회」, 서울: 한들출판사, 2007.

15. LaNoue Deidre. The Spiritual Lagercy of Henri Nouwen, 유해룡 옮김, 「헨리 나우웬과 영성」, 서울: 예영커뮤니케이션, 2003.

16. Lasor, William Sanford. Old Testament Survey, 박철현 역, 「구약개관」, 서울: 크리스챤다이제스트, 1998.

17. Maxwell, John C. Developing The Leader Around You, 임윤택 옮김, 「당신 주위에 있는 사람을 키우라」, 서울: 두란노, 1995.

18. Maxwell, John C. Developing The Leader Within You, 강준민 옮김, 「당신 안에 잠재된 리더십을 키우라」, 서울: 두란노, 1997.

19. Maxwell, John C. Meditations for Leaders, 이용석 옮김, 「자기 경영의 법칙」, 서울: 요단, 2005.

20. Maxwell, John C. The 21 Irrefutable laws of Leadership, 채천석 역, 「리더십의 21가지 불변의 법칙」, 서울: 청우, 1999.

21. Oden, Thomas C. Pastoral Theology, 이기춘 역, 「목회신학」, 서울: 한국신학연구소, 1987.

22. Osteen, Joel. Your Best Life Now Journal, 정성묵 역, 「내 인생을 바꾼 긍정의 힘」, 서울: 두란노, 2005.

23. Richards, L. O. A Theology of Christian Education, 문창수 역, 「교육신학과 실제」, 서울: 정경사, 1980.

24. Sanders, J .O. Spiritual Leadership, 이동원 역, 「영적 지도력」, 서울:

요단출판사, 1989.

25. Schaff, Philip. History of the Christian Church, 이상길 역, 「교회사전집」 2, ―니케아 이전의 기독교―, 고양: 크리스챤다이제스트, 2004.

26. Walker, Williston. A History of The Christian Church, 류형기 역편, 「기독교회사」, 서울: 기독교회사, 1983.

27. Westerhoff Ⅲ, John H. 정웅섭 역, 「교회의 신앙교육」, 서울: 대한기독교교육협회, 1983.

28. Warren, Rick. The Purpose Driven Church, 김현희 · 박경범 공역, 「새들백교회 이야기」, 서울: 도서출판 디모데, 1997.

29. Yandian, Bob. Leadership Secrets of David the King, 강주현 역, 「다윗 섬김의 리더십」, 서울: 작가정신, 2001.

• 국외 서적

1. Anderson(ed.), Ray S. Theological Foundation For Ministry, Grand Rapids: William B. Erdmans pub. Co., 1979.

2. Brown, Robert McAfee. Theology in a New Key: Responding to Liberation Themes, Philadelphia: The Westminster Press, 1978.

3. Elliston, Edgar J. Curriculum Foundations for Leadership Education in the Samburm Christian Community, Ph. D. Dissertation, Michigan State University, 1988.

4. Engstrom, Ted W. The Making of a Christian Leader, Grand Rapids: Zondervan Michigan press, 1976.

5. Fromm, Erich. Escape from Freedom, New York: Holt, Rinehart and Winston, 1941.

6. Harris, W. Lee. Effective Church Leadership, Minneapolis: Augsburg, 1989.

7. Liddell and Scott. Greek-English Lexicon, 7th ed., Oxford: the Clarendon, 1989.

8. Mannheim, Karl. Ideology and Utopia, trans, by Louis Wirth and Edward Shils, A Harvest book. 6th edition; New York: harcourt, Brace & World, Inc., 1969.

9. Messer, Donald E. Contemporary Images of Christian Ministry, Nashville: Avingdon Press 1998.

10. Perry, Lloyd. Getting the Church on the Target, Chicago: Moody, 1977.

11. Richards, Lawrence O. & Hoeldtke, Clyde. *A Theology of church Leadership*, Michgan: The Zondervan Corporation Grand Rapids, 1980.
12. Steiner, Ivan D. *Group Process & Productivity, New York: Academic press*, 1972.
13. Stogdill, R.M. *Handbook of Leadership* : A Survey of The Literature, New York: The Free Press, 1974.
14. Tead, Ordway. *The Art of Leadership*, N.Y.: McGraw-Hill Book Co., INc.. 1935.
15. Wehmeier, Sally. ed. *Oxford Advanced Learner's Dictionary*, Oxford University Press, 6th. 2000.
16. Wolff, Richard. *Man of the Top*, Wheaton, Ⅲ: Tyndal, 1979.

• 논문
1. 원종국. "교역자의 리더십에 관한 연구", (신학박사학위논문) 목원대학교대학원, 2004.

주

I

1) 이원설, 「기독교 세계관과 역사 발전」 (서울: 혜선, 1995), 247; 이원설·문영식, 「21세기를 향한 비전과 리더십」 (서울: 신망애출판사, 1999), 248.

2) Erich Fromm, *Escape from Freedom* (New York: Holt, Rinehart and Winston, 1941), 133~134, 148~160 참고.

3) Karl Mannheim, *Ideology and Utopia*, trans. by Louis Wirth and Edward Shils, A Harvest book (6th edition; New York: Harcourt, Brace & World, Inc., 1969), 74~77 참고.

4) 박은규, "목회자들의 효과적인 지도력", 「신학과 현장」 제11집 (대전: 목원대학교신학대학 부설연구소, 2001), 7.

5) John Edmund Haggai, *Leadership that endures in a Changing World*, 임하나 역, 「미래는 진정한 리더를 요구한다」 (서울: 하늘사다리, 1999), 24.

6) W. Lee Harris, *Effective Church Leadership* (Minneapolis: Augsburg, 1989), 12.

7) Ibid., 12.

8) Ibid., 36~48.

9) Sally Wehmeier Ed., *Oxford Advanced Learner'S Dictionary* (Oxford University Press, 6Th. 2000), 729.

10) Richard Wolff, *Man of the Top* (Wheaton, Ⅲ: Tyndal, 1979), 19~20.

11) Ordway Tead, *The Art of Leadership* (New York: Whittlesey House, 1935), 7.

12) Ivan D. Steiner, *Group Process & Productivity* (New York: Academic Press, 1972), 174.

13) Lloyd Perry, *Getting the Church on the Target* (Chicago: Moody, 1977), 75.

14) http://kr.blog.yahoo.com/sue.kim7/489

15) http://blog.naver.com/100377/100059900407

16) http://blog.naver.com/100377/100059900407

17) http://blog.naver.com/100377/100059900407

18) 원종국, 「성서적 제자 양성」 상 (인천: 나눔터, 1997), 59~97.

19) Chua Wee Hian, *Leaving to Lead*, 권영식 역, 「오늘을 위한 성경적 리더

십」(서울: 한국기독학생회출판부, 1995), 29~35.

20) Liddell and Scott, *Greek-English Lexicon* (7th ed., Oxford: the Clarendon, 1989), 89.

21) 원종국, 「성서적 제자 양성」, 137.

22) Ibid., 138.

23) Bob Yandian, *Leadership Secrets of David the King*, 강주현 역, 「다윗 섬김의 리더십」(서울: 작가정신, 2001), 130.

24) Ibid., 56~60.

25) Ibid., 102.

26) 그리스도의 초림 예언: 사 7:14, 9:6~7, 61:1. 그리스도의 재림 예언: 사 59:20~21, 65:17~25. 그리스도의 못박혀 죽으심에 관한 예언: 사 50:6~9, 52:13~15.

27) William Sanford Lasor, *Old Testament Survey*, 박철현 역, 「구약개관」(서울: 크리스챤다이제스트, 1998), 583.

28) Lawrence O. Richards & Clyde Hoeldtke, *A Theology of church Leadership* (Grand Rapids: Zorrdervan, 1980), 141~142.

29) Leighton Ford, *Transforming Leadership*, 김기한 역, 「변화를 일으키는 리더십」(서울: 생명의말씀사, 1994), 30~31.

30) Iris V. Cully, 오성춘 · 이기문 · 류영모 공역, 「영성생활을 위한 교육」(서울: 대한예수교장로회총회교육부, 1986), 17.

31) 이장석, "교회 성장 전도 진단", 「교회 성장」, (서울: 교회성장연구소, 2003. 6호), 87~88 참고.

32) W. Lee Harris, *Effective Church Leadership*, 53~54.

33) Ibid., 54~55.

34) John C. Maxwell, *Developing The Leader Within You*, 강준민 옮김, 「당신 안에 잠재된 리더십을 키우라」(서울: 두란노, 1997), 16.

35) 명성훈, 「성경 속의 리더십 마스터키」(서울: 국민일보, 2000), 331.

36) John C. Maxwell, *The 21 Irrefutable laws of leadership*, 채천석 역, 「리더십의 21가지 불변의 법칙」(서울: 청우, 1999), 41.

37) Ibid., 57.

38) John C. Maxwell, *Developing The Leader Within You*, 「당신 안에 잠재된 리더십을 키우라」, 236~237.

39) James M. Kouzes & Barry Z. Posner, *The Leadership Challenge-How to get Extraordinary Things Done in Organization* (Jossey-Bass Inc., Publishers, 1987), 권기성 · 최진석 옮김, 「비젼, 전략 그리고 리더

십」(서울: 한샘, 1994), 79.

40) Ibid., 81~87.

41) John C. Maxwell, *Meditations for Leaders*, 이용석 옮김, 「자기 경영의 법칙」(서울: 요단, 2005), 71.

42) John C. Maxwell, *Developing The Leader Within You*, 「당신 안에 잠재된 리더십을 키우라」, 11.

43) John C. Maxwell, *Developing The Leader Around You*, 임윤택 옮김, 「당신 주위에 있는 사람을 키우라」(서울: 두란노, 1995), 249~250.

44) Ibid., 101.

45) John C. Maxwell, *Developing The Leader Around You*, 「당신 주위에 있는 사람을 키우라」, 48.

46) Ibid., 49.

47) John C. Maxwell, *The 21 Irrefutable laws of leadership*, 「리더십의 21 가지 불변의 법칙」, 17.

Ⅱ

1) Charles W. Carter ed., *A Contemporary Weselyan Theology*, 박은규 외 5인 공역, 「현대 웨슬리 신학 Ⅱ」(서울: 대한기독교서회, 1999), 50.

2) "세상은 넓고 전도할 사람은 많다", 「국민일보」, 2008. 10. 29 출처 :http://www.kukinews.com/mission/article/view.asp?page=1&gCode= all&arcid=0921080030&cp=nv

3) Gerhard Kittel & Gerhard Friedrich ed. "λαός", *Theological Dictionary of The New Testament*, tr. by Geoffrey W. Bromiley (Michigan: Wm. B. Erdmans Publishing Co., 1967), 29~57 참고; 이기문 편, 「평신도」, 「기독교 대백과사전」15권 (서울: 기독교문사, 1965), 822~830 참고.

4) 사도헌장(Apostolic Constitutions)은 가장 온전한 모습을 갖춘 중요한 교회 지침서다. 로마의 주교 클레멘스를 통해서 전수된 혹은 그에게 위탁된 모든 사도들의 유증(遺贈)이라는 문학적 허구의 형식을 띠고 있다. 이 책은 "모든 민족들 중에서 주 예수 그리스도를 믿는 사도들과 장로들은 여러분에게 은혜와 평강이 있기를 원하노라"는 말로 시작된다. 모두 여덟 권으로 된 이 책에는 로마의 클레멘스가 사역한 때인 1세기 말부터 예루살렘과 안디옥과 알렉산드리아와 로마의 교회들을 비롯한 다양한 교회들에서 사도들의 관행에 일부 토대를 두고서 대대로 전수된 도덕적 권고와 교회법과 관습, 예배에 쓰이는 신앙 문구들이 실렸다. Philip Schaff, *History of the Christian Church*, 이상길 역, 「교회사전집」2, -니케아 이전의 기독교-, (고양: 크리

스챤다이제스트, 2004), 184.

5) 가톨릭대학교 고전라틴어연구소 편찬, 「라틴-한글 사전」 (서울: 가톨릭대학교, 2008 2판4쇄), 654.

6) Ibid., 643.

7) 엘비라 교회 회의(오늘의 스페인 그라나다의 터에 있었던 것으로 추정됨)는 306년에 소집되었고 19명의 주교와 26명의 장로가 참석했으며, 그들 대부분이 스페인 남부 출신이었다. 엘비라 교회 회의는 당시에 성행하던 다양한 이교적 난행들을 엄격히 규제하고 교회의 기강과 엄격한 윤리를 권장하는 라틴 교회법들을 통과시켰다. 박해 시 배교자들에게는 임종 순간까지도 성찬에 참여하는 것을 금했는데 이것이 교회법 제1조다. Philip Schaff, 「교회사전집」 2, 181 참고.

8) 이기문, 「기독교대백과사전」 15권, 823 참고.

9) Ibid., 823.

10) Ibid., 823.

11) Ibid., 823.

12) 강병도, 「교회사대전」 3권 (서울: 기독지혜사, 1994), 451~453 참고.

13) Ibid., 164.

14) Ibid., 164.

15) Philip Schaff, *History of the Christian Church*, 「교회사전집」 2, 154~155 참조.

16) Ibid., 155.

17) Eric G. Jay, *The Church*, 주재용 역, 「교회론의 역사」 (서울: 대한기독교출판사, 1986), 91.

18) Ibid., 91에서 재인용.

19) 이기문, 「기독교대백과사전」 15권, 823 참고.

20) IbId., 823 참고.

21) IbId., 823 참고.

22) IbId., 823 참고.

23) John Stott, *One People* (Downers Grove: Inter-Varsity Press, 1971), 11; 옥한흠, 「평신도를 깨운다」 (서울: 두란노, 1998 개정판), 40에서 재인용.

24) J. D. Douglas, *Let the Earth Hear His Voice*, 378; 옥한흠, 「평신도를 깨운다」, 48에서 재인용.

25) John Stott, Ibid., 34; 옥한흠, Ibid., 50에서 재인용.

26) 옥한흠, Ibid., 51.

27) Ibid., 53에서 재인용.

28) Ibid., 53.

29) Thomas C. Oden, *Pastoral Theology*, 이기춘 역, 「목회신학」 (서울: 한국신학연구소, 1987), 93.

30) Hendrik Kraemer , *A Theology of The Laity*, 유동식 역, 「평신도신학」 (서울: 대한기독교서회, 1984. 8판), 39~50, "교회 혁신의 기관들" 참조.

31) 옥한흠, 「평신도를 깨운다」, 35.

32) John Stott, *One people*, 11; 옥한흠, 「평신도를 깨운다」, 35 재인용.

33) Ray S. Anderson(ed.), *Theological Foundation For Ministry* (Grand Rapids: William B. Erdmans pub. Co., 1979), 3.

34) Rick Warren, *The Purpose Driven Church*; 김현희 · 박경범 공역, 「새들백교회 이야기」 (서울: 도서출판 디모데, 1997), 93.

35) 옥한흠, 「평신도를 깨운다」, 72에서 재인용. 이와 같은 교회론은 1983년 휘튼 국제복음주의 대회에서 Peter Kuzmic이 주제강연에서 언급한 것이다.

36) Ibid., 75.

37) Ibid., 88.

38) Ibid., 93.

39) Eric G. Jay, *The Church*, 「교회론의 역사」, 109.

40) Hans Küng, *Die Kirche*, 정지련 역, 「교회」 (서울: 한들출판사, 2007), 493.

41) Ibid., 503~506 참고.

42) Ibid., 95 재인용.

43) Hendrik Kraemer., 「평신도신학」, 137

44) Richard Wolff, *Man of the Top* (Wheaton, Ⅲ: Tyndal, 1979), 19~20.

45) Ordway Tead, *The Art of Leadership* (N.Y.: McGraw-Hill Book Co., INc., 1935), 7.

46) Ivan D. Steiner, *Group Process & Productivity* (New York: Academic press, 1972), 174.

47) R.M. Stogdill, *Handbook of Leadership : A Survey of The Literature* (New York: The Free Press, 1974), 7~16 참조.

48) Ted W. Engstrom, *The Making of a Christian Leader* (Grand Rapids: Zondervan Mishigan press, 1976), 20.

49) Lloyd Perry, *Getting the Church on Target* (Chicrgo: Moody, 1977), 75.

50) 원종국, "교역자의 리더십에 관한 연구" (박사학위논문, 목원대학교 대학원, 2004), 10.

51) Lawrence O. Richards, Clyde Hoeldtke, *A Theology of Church Leadership* (Michigan: The Zondervan Corporationgrand Rapids, 1980), 114~115.

52) Lawrence O. Richards, *A Theology of Christian Education*, 문창수 역, 「교육신학과 실제」(서울: 정경사, 1980), 100.

53) Ibid., 175.

54) John H. Westerhoff Ⅲ, 정웅섭 역, 「교회의 신앙교육」 (서울: 대한기독교 교육협회, 1983), 83.

55) Ibid., 93. 참고.

56) Ibid., 93~96 참고

57) 지역 교회 조직이 독일에서 시작됨. 공동체 신도들이 목사를 택하고 교회를 다스리며, 각 교회의 목사와 평신도 대표들로 헷세 연회를 조직하고 영주와 귀족들도 회원이 되기로 한 것, 그러나 '농민 반란' 사건으로 인하여 루터가 변심함. Williston Walker, 「기독교회사」, 384~385 참고.

58) Hendrik Kraemer, A Theology of The Laity, 」평신도신학」, 67~72 참고.

59) 마이클 풀러드, "차이코프스키", 「세계를 이끄는 사람들 47」 (서울: 교원, 2003), 47.

60) Joel Osteen, *Your Best Life Now Journal.*, 정성묵 역, 「내 인생을 바꾼 긍정의 힘」 (서울: 두란노, 2005), 28.

61) Philip Sheldrake, "The Crisis of Postmodernity", *Christian Spirituality Bulletin 4* (Summer 1996), 6; Deidre LaNoue, *The Spiritual Lagercy of Henri Nouwen*, 유해룡 옮김, 「헨리 나우웬과 영성」 (서울: 예영커뮤니케이션, 2003), 171에서 재인용.

62) Deidre LaNoue, *The Spiritual Lagercy of Henri Nouwen*, 「헨리 나우웬과 영성」, 179.

63) 안병욱, 「빛과 지혜의 샘터」 (서울: 철학과 현실사, 1992), 67.

64) Ibid., 67.

65) 강준민, 「무대 뒤에 선 영웅들」 (서울: 두란노, 2005), 126~140 참고.

66) J. Oswald Sanders, *Spiritual Leadership*, 이동원 역, 「영적 지도력」 (서울: 요단출판사, 1989), 31~38 참고.

67) Ibid., 83~104 참고.

68) Ibid., 107~124. 참고

69) Robert E. Coleman, *The Master Plan of Evangelism*, 홍성철 역, 「주님의 전도계획」,(서울: 생명의 말씀사,1980). 21.

70) 원종국, 「성서적 제자훈련(상)」(인천: 나눔터, 1997),148~149.

71) L .O. Richards, *A Theology of Christian Education*, 「교육신학과 실제」, 297~310. 참고.

교회의 리더십

초판 1쇄 2009년 11월 30일

원종국 지음

발 행 인 | 신경하
편 집 인 | 김광덕

퍼 낸 곳 | 도서출판 kmc
등록번호 | 제2-1607호
등록일자 | 1993년 9월 4일
　　　　　(100-101) 서울특별시 중구 태평로1가 64-8 감리회관 16층
　　　　　(재)기독교대한감리회 출판국
대표전화 | 02-399-2008　팩스 | 02-399-4365
홈페이지 | http://www.kmcmall.co.kr
　　　　　http://www.kmc.or.kr
디 자 인 | 밀알기획 02-335-6579

값 9,000원

ISBN 978-89-8430-446-8　03230